# VISUM+Python
## 城市宏中观交通模型建设与应用

谭泽芳　周　军◎著

人民交通出版社股份有限公司
北京

## 内 容 提 要

本书作者基于多年深圳宏中观交通模型的建设和维护经历,总结VISUM交通模型实践经验和采用Python对VISUM进行二次开发的经验,主要介绍相关背景、VISUM基础、VISUM交通模型建设实践、Python对VISUM二次开发、Python高级开发案例等内容。

本书适合从事交通模型需求分析和建模的交通行业从业者阅读,亦可供其他感兴趣的读者参考。

### 图书在版编目(CIP)数据

VISUM+Python:城市宏中观交通模型建设与应用/谭泽芳,周军著.—北京:人民交通出版社股份有限公司,2022.11

ISBN 978-7-114-18252-5

Ⅰ.①V… Ⅱ.①谭…②周… Ⅲ.①软件工具—应用—市区交通—交通模型—研究 Ⅳ.①U491.1-39

中国版本图书馆CIP数据核字(2022)第187319号

VISUM+Python:Chengshi Hong Zhongguan Jiaotong Moxing Jianshe yu Yingyong

| | |
|---|---|
| 书　　名: | VISUM+Python:城市宏中观交通模型建设与应用 |
| 著 作 者: | 谭泽芳　周　军 |
| 责任编辑: | 屈闻聪　杨丽改 |
| 责任校对: | 孙国靖　宋佳时 |
| 责任印制: | 刘高彤 |
| 出版发行: | 人民交通出版社股份有限公司 |
| 地　　址: | (100011)北京市朝阳区安定门外外馆斜街3号 |
| 网　　址: | http://www.ccpcl.com.cn |
| 销售电话: | (010)59757973 |
| 总 经 销: | 人民交通出版社股份有限公司发行部 |
| 经　　销: | 各地新华书店 |
| 印　　刷: | 北京虎彩文化传播有限公司 |
| 开　　本: | 787×1092　1/16 |
| 印　　张: | 11.25 |
| 字　　数: | 220千 |
| 版　　次: | 2022年11月　第1版 |
| 印　　次: | 2023年3月　第2次印刷 |
| 书　　号: | ISBN 978-7-114-18252-5 |
| 定　　价: | 80.00元 |

(有印刷、装订质量问题的图书,由本公司负责调换)

# 序 一 PREFACE

同济大学从 2004 年开始就承担了深圳城市交通仿真系统项目（一期项目），并于 2011 年开始承担深圳城市交通仿真系统二期项目建设，2021 年开始承担深圳城市交通仿真系统三期项目建设。经过近 20 年的理论探索和项目建设实践，人们对于城市交通仿真系统，特别是城市交通宏中观模型建设有了一定的认识。

一期项目建设使用了 VISUM 作为基础软件，开发深圳市交通宏中观交通模型。作为商业软件，VISUM 功能完整强大，但在我国具体的交通规划分析业务场景下，需要进行一定的定制开发，这就是一期项目中提出的流程再造的理念。而将流程再造具体落实到工具层面，需要对 VISUM 进行二次开发。在进行二次开发的过程中，人们发现可供参考的资料极少，而且需要对 VISUM 提供的接口及 VISUM 的底层数据结构等有一定程度的了解。这就使得基于 VISUM 的本地化工具开发具有较高的门槛。同时，VISUM 在不断进行版本更新的过程中，其底层的数据结构和提供的接口都会进行相应的更新。这就要求人们进行 VISUM 二次开发时不断更新相应的知识。

在仿真系统三期项目建设中，VISUM 已经支持基于 Python 的二次开发了。在项目研发过程中，深圳市规划国土发展研究中心的谭泽芳及其同事给予了大力支持，特别是谭工结合其在 VISUM 软件使用和 Python 二次开发方面积累的实践经验，为项目研发提供了具体的技术指导，避免了很多开发过程中的无效探索和弯路。而本书正是包括谭工在内的作者基于其多年的实践经验撰写而成，为城市交通模型的使用者和开发者提供了宝贵的参考资料和实践路径。

本书从 VISUM 的基本介绍入手，讲解了利用 VISUM 搭建城市交通模型的基本方法，在此基础上，对如何利用 Python 进行二次开发提供了具体的技术路径和可供参考的代码，并结合深圳近 20 年的模型开发实践，给出了具体的开发案例。本书不仅对于 VISUM 软件用户具有参考价值，书中介绍的技术路线对于其他交通仿真软件的用户也值得借鉴。本书对于交通模型工程师及交通大数据平台开发人员来说是非常实用的工具书，对于交通模型研究人员来说是很好的入门参考书。希望本书的出版能促进我国交通模型开发水平的提升，并能助力交通模型更好地服务我国交通规划业务。

杨超

2022 年 8 月

PREFACE

当谭泽芳邀请我为他的著作作序时,我着实有些惶恐,因为我从未有过这种经历。但出于交通模型工程师的好奇心,想着可以先睹为快,我还是答应了他的邀请。尽管交通模型只是交通运输工程学科中一个很小众的方向,但它却将交叉学科的特点发挥到了极致,很多工程领域学科都能在其中找到相关应用方向。然而人力终有穷尽,不可能面面俱到,这使得交流和分享成为最高效的提升途径,"模友"谭泽芳和周军师兄的著作正是为分享而生的。

VISUM 是我 20 多年交通模型建设与维护实战中使用的两个主要工具之一。我使用过其从 8.0 以来的所有版本,自认为对 VISUM 有一定的了解。我认为 VISUM 是一个不错的交通需求建模工具,值得广大交通从业者尝试应用。但自学开发与维护交通模型一直是一件相对困难的事情,除了较高的软件成本,厚重的使用手册也让人感觉无从着手,而对于 VISUM 二次开发可参考材料则更少。我曾自嘲,我进行 VISUM 二次开发有 3 种武器:猜、查和抄。"猜"是指结合软件运行调试输出结果去猜测可能需要的属性信息;"查"是利用官方使用手册查阅相关信息;"抄"则是利用好各种既有的案例。因此,一本帮助 VISUM 初学者快速上手的书籍尤为重要。

本书正是为此而撰写,它很好地结合了对软件功能的理解和实践应用,是一本质量较高的 VISUM 软件学习参考书。全书结构按照软件操作基础、简单模型实践和软件二次开发的顺序组织,循序渐进,能够帮助读者建立对模型软件和建模过程的系统认识。本书的基础部分细节见真功。例如,书中提到的信号灯建模模板能够实现信号灯配置批处理,是交通网络建模的利器,但也是隐藏得很深的功能,足以看出作者对软件应用极为娴熟。当然,本书提供的丰富的二次开发案例则是本书的另一个重要特色。

与 3000 多页的软件使用手册相比，这本书相当薄，所以不可能面面俱到，适合初次接触 VISUM 的读者和希望了解 Python 对 VISUM 二次开发技术的读者阅读参考。分享是交通模型工程师这一善于"自嗨"的小群体的特质，企盼本书分享的知识和经验能为国内交通模型领域的发展贡献一份力量。

2022 年 7 月

# 前 言 FOREWORD

近些年来，我国交通模型的理论和实践水平有了很大的发展，交通模型工程师的从业规模不断壮大。随着商业交通模型软件的功能完善和 Python 编程语言的普及，交通模型应用水平必将不断提高。为了减少读者入门花费的时间、增加模型的高级应用，笔者尝试从项目实践的角度将交通理论、软件操作和二次开发三者结合，以近 10 年的交通模型应用实践撰写本书。

本书内容循序渐进，按 VISUM 基础、VISUM 简单交通模型实践、Python 对 VISUM 二次开发技术的顺序逐步展开。全书划分为绪论、VISUM 基础、VISUM 交通模型建设实践、Python 对 VISUM 二次开发和 Python 高级开发案例 5 部分。如果读者已经熟悉某部分的内容，可以有选择性地跳过。

限于笔者的理论水平及实践经验，书中不妥和疏漏之处在所难免，恳请读者批评指正（作者邮箱：tzf_traffic@163.com），以便今后再版时修正补充。

作 者
2022 年 7 月

# 目　录　CONTENTS

## 第1章　绪论 ................................................................................................1

1.1　写作背景和目的 .................................................................................. 2
1.2　交通模型基础知识 .............................................................................. 4
1.3　交通模型软件及 VISUM 简介 ........................................................... 7
1.4　Python 语言的选择 ............................................................................ 11
1.5　需要具备的基础知识 ........................................................................ 11
1.6　本书内容结构 .................................................................................... 12

## 第2章　VISUM 基础 ................................................................................15

2.1　需求模型设置 .................................................................................... 16
2.2　路网模型 ............................................................................................ 21
2.3　公共交通（PuT）模型 ..................................................................... 33

## 第3章　VISUM 交通模型建设实践 ........................................................51

3.1　建立模型架构 .................................................................................... 52
3.2　现状模型准备和校核 ........................................................................ 53
3.3　规划模型和评估 ................................................................................ 63

## 第 4 章　Python 对 VISUM 二次开发 .................................................. 69

### 4.1　Python 的基础知识 .................................................. 70
### 4.2　Python 控制网络对象 .................................................. 89
### 4.3　Python 控制需求及流程 .................................................. 115

## 第 5 章　Python 高级开发案例 .................................................. 121

### 5.1　Python 在深圳宏观模型中的高级应用 .................................................. 122
### 5.2　Python 在深圳中观模型中的高级应用 .................................................. 137

## 参考文献 .................................................. 165

## 后记 .................................................. 167

第 1 章

# 绪论

交通模型是量化支撑交通规划的精髓、核心和手段。作为本书的作者，我非常荣幸能与读者一起探索和学习像"浩瀚宇宙星空"的交通模型。虽然交通模型理论知识在不断地拓展，但是传统、经典、成熟的模型方法在大部分城市仍应用不足，普遍存在准确度低、精度低、效率低等问题，更不必说活动链等新的模型方法的应用实践。

相信很多交通模型的学习和使用者都和笔者一样有"更精准预测大城市交通"的梦想，但笔者也深知"冰冻三尺，非一日之寒"，要想早日实现这个梦想，还是需要"抬头看天、脚踏实地"。交通模型工程师在日常工作中首先需要完成项目的基本任务，这本身需要掌握成熟的方法和对城市交通的充分理解，而探索性的模型体系创新和应用需要更多时间进行研究，且精度不易控制。因此，本书作为笔者近年来的工作总结，侧重介绍交通专业软件 VISUM 和计算机编程语言 Python 在城市交通模型方面的相对成熟的实践应用，简要介绍理论知识，帮助读者尽快掌握如何应用这些成熟的交通模型方法，读者若缺乏基础理论知识，可查阅参考文献，若熟悉则可直接跳过相关内容。希望本书可以帮助读者更好地应对日常交通模型工作任务，以便腾出更多的时间释放创造力，推进我国更先进的交通模型方法的应用和落地。

## 1.1 写作背景和目的

回顾历史发展，大多数国家都经历了道路交通规划、城市交通规划和城市出行预测等由浅入深、从定性到定量、从简单统计预测到大规模计算的发展历程。

**古代道路**：中国商周时期前便存在道路交通，当时的耕地、沟洫、道路、居住地等可能是同时规划的，形成了周代奴隶制社会的生产、居住、交通的基本的格局，这可以说是简单的道路交通雏形。

**公路网及交通规划**：美国在 20 世纪初由于汽车和货车使用量增加导致早期的公路网规划诞生，同时在 1921 年通过《联邦公路法》，正式承认了国家公路系统的概念。此后，人们研究科学和工程原理，用于测量公路交通量和通行能力，并将其应用于公路规划和设计。到 20 世纪 30 年代中期,当美国研究者的注意力从农村道路转移到城市道路时,发现这些方法并不足以进行规划。在结构高度复杂的城市中,人们的出行模式更复杂,规划城市道路变得更困难。随着城市地区交通需求的增长,拥堵变得越来越普遍,需要采用新的方法分析城市交通系统和规划新的道路。随着出行起讫点数据收集方法的改进,逐渐发展了局部的分析技术,并最终对整体交通需求进行预测,同时逐渐尝试对公共交通需求进行预测分析。但是这些研究不够系统,仅是为解决某些特定的交通问题而做的尝试。如果想详细了解这部分知识,可查阅爱德华·韦纳的《美国城市交通规划(第五版)》以及迈耶和米勒的《城市交通规划(第二版)》等书籍。

城市出行预测学:第一次系统性的城市交通探究,起源于 20 世纪 60 年代美国的底特律,后来成为全球大部分大城市及其他城镇区域交通规划研究的先驱。接着,美国芝加哥、美国公共道路局、英国伦敦等在"三阶段""四阶段"等传统交通模型方面做了较多尝试,如开展土地利用—交通研究、集计模型转化为非集计模型、改进交通分配方法等,使得交通模型对交通政策研究和落地、交通规划方案制定和决策、交通改善方案设计和实施提供了定量化支撑。该部分的历史建议查阅大卫·博伊斯等撰写的《城市出行预测学历史现状与未来》一书。

而国内,美籍华人交通学者张秋先生 20 世纪 70 年代回国讲学,拉开了我国交通工程学研究和实践的序幕。从 20 世纪 80 年代起,上海、南京、北京等城市开展居民出行调查研究,开始采用简单的四阶段需求预测方法进行城市综合交通规划研究和应用。从 20 世纪 90 年代开始,广州、深圳借助 MVA 公司等交通咨询公司的力量,逐渐建立相对完整的城市宏观交通模型体系。

2000 年,国内大多数城市均已开展居民出行调查,并拥有自己城市的宏观交通模型,如深圳在 2000—2004 年建设交通仿真系统一期平台,结合 CTS/RDS 项目,并参考中国香港 CTS/RDS 交通模型,完善了宏观交通模型,将基于 TRIPS 平台的模型系统整体移植到 EMME/2 的平台中,并利用 TransCAD 进行网络编辑和结果显示。2010—2014 年,深圳市建设交通仿真系统二期平台(简称"深圳仿真二期平台")。深圳仿真二期平台采用 VISUM 重构宏观交通模型,并侧重于与土地利用规划结合的面向规划的决策模型,模型精细化程度较高。

笔者有幸参与到深圳仿真二期平台的建设中,从那时开始学习使用 VISUM,并在 2015—2020 年结合年度项目更新,从交通网络、算法、程序和参数等方面对模型进行持续更新。同时,在该过程中,由于 Python3 逐渐成为编程语言的首选,为提高模型的运行效率，笔者也对 VISUM 的二次开发有较多的尝试。

笔者在 2003—2007 年本科阶段学习了交通工程学、交通规划等专业课程，但是无论是在学校还是工作后，在开展实际项目时仍难以下手，特别是刚接触交通专业软件时，只能通过软件的用户手册等各类资料自行摸索，走了不少弯路。

到目前为止，国内外交通规划理论方面的图书和相关软件操作手册较多，但从项目实践层面将两者结合的图书较少。笔者基于多年对深圳宏中观交通模型的建设和维护经历，总结 VISUM 交通模型实践经验和采用 Python 对 VISUM 进行二次开发的经验，撰写本书，希望对读者提升交通模型需求分析和建模能力有所帮助。

## 1.2　交通模型基础知识

1962 年，美国芝加哥市交通规划研究中提出的"生成-分布-方式划分-分配"的预测方法，标志着"四阶段交通预测模型"（简称"四阶段法"）的形成。目前，国内外主流成熟的城市交通模型仍是四阶段法，本书侧重介绍四阶段法的交通模型及二次开发的应用实践经验，而活动链模型不在本书的探讨范围。

四阶段法是以居民出行调查为基础，由交通生成（G）、交通分布（D）、交通划分（M）和交通分配（A）4 个阶段组成。城市居民出行调查一般每 5 年开展一次，为使调查获得的个人特征和集计特征更能满足宏观交通模型的需要，有必要在居民出行调查前先大致确定宏观交通模型的架构，同时充分利用地铁或公交刷卡记录、出租汽车轨迹、手机定位等数据补充，对居民的各种出行特征和参数进行拟合标定。

城市交通需求分析与发展预测包括城市社会经济分析及发展规划、城市客运交通分析及发展预测和城市货运交通分析及发展预测三大部分。其中，社会经济分析及发展规划部分主要预测社会经济发展总指标，包括城市人口、劳动力资源及就业岗位数、在校学生数量、学位总数、车辆保有量、城市规模和布局等，自上而下地对小区的参数进行总量校核。在实际项目开展的过程中，由于客运系统比较复杂，数据源较多，同时客运交通理论体系和预测考虑的因素也较为复杂，因此本书重点介绍客运模型。

## 1.2.1 交通生成

交通生成预测目标是求得各个对象地区的交通需求总量,即交通生成量(Trip Generation),进而在总量的约束下,求出各交通小区的发生交通量(Trip Production)与吸引交通量(Trip Attaction)。一般在开展交通生成预测之前,先对研究城市对象的交通生成预测的影响因素做深入的分析,如土地利用、家庭规模和家庭成员构成、性别和年龄和其他因素等;然后,预测对象地区的交通生成量,交通生成量通常作为总控制量,用来预测和校核各个交通小区的发生和吸引交通量;最后,对各交通小区的发生与吸引交通量进行预测,预测方法包括原单位法、增长率法、交叉分类法和函数法。其他交通生成预测方法还有弹性系数法、时间序列分析法等,此外,基于出行链的交通需求研究已成为交通领域关注的热点。

## 1.2.2 交通分布

交通分布预测是利用预测得到的各交通小区的发生与吸引交通量,获得各交通小区的出行量,进而转换为交通小区之间的空间 OD 矩阵(Origin-Destination Matrix)。最常用的预测方法分为增长系数法和重力模型法。近年来,越来越多的研究者将随机概率模型、介入机会模型和最大熵法等方法应用到交通分布上,如读者如有兴趣可自行查阅相关论文。

## 1.2.3 方式划分

交通方式划分(Mode Split)就是出行者出行时选择交通工具的比例,它以居民出行调查数据为基础,研究人们出行时的交通方式选择行为,并建立模型,从而预测基础设施或交通服务水平等条件发生变化时,各种交通方式的交通需求的变化。

根据基本单位的不同,交通方式划分可以分为集计模型和非集计模型。集计模型以交通小区为单位,对出行者的交通行为进行集计统计分析。而非集计模型与集计模型不同,它分析重点在于确定出行者个体(或家庭)是否出行、出行目的地是哪里、采用何种交通方式、选择哪条路径,从而解决如何从备选出行方案集合中做选择的问题,将得到的个人行动结果加载到交通小区、交通方式、路径上,进而开展交通需求预测。

交通方式预测方法或模型主要有转移曲线法、重力模型转换模型、回归模型、非集计模型等。

### 1.2.4 交通分配

网络交通流交通分配是交通规划的一个重要环节。所谓交通分配就是把各种出行方式的空间 OD 量分配到具体的交通网络上,模拟出行者对出行路径的选择。通过交通分配所得的路段、交叉口交通量以及公共交通线路客流等数据,是检验道路、地铁和公交规划网络是否合理的主要依据之一。一般通过方式划分后,可得到道路小汽车 OD 矩阵、公共交通 OD 矩阵(可细分为地铁 OD 矩阵、常规公交 OD 矩阵等),然后通过交通分配方法,即可将 OD 量分配至路段、地铁、常规公交的路径或线路上。

分配的结果受道路交通阻抗函数(简称"路阻函数")影响较大。一般情况下,路阻函数包含路段交通阻抗函数和交叉口延误;常用的路段交通阻抗函数来自美国联邦公路管理局路阻函数模型和回归路阻函数模型;交叉口延误包括信号灯控制交叉口延误和无信号灯控制交叉口延误。为了使城市宏中观模型交通分配更符合实际状况,有必要利用本城市的交通数据确定合适的路阻函数和拟合参数。

国际上,通常将交通分配方法分为平衡模型和非平衡模型两大类,并以 Wardrop 第一、第二原理为划分依据。

Wardrop 第一原理假定,网络上的交通以这样一种方式分布,就是使所有使用的路线都比没有使用的路线费用小。Ward 第二原理假定,车辆在网络的分布,使得网络上所有车辆的总出行时间最小。

如果交通分配模型满足 Wardrop 第一、第二原理,则该模型为平衡模型,而且,满足 Wardrop 第一原理的称为用户最优分配模型(User-Optimized Equilibrium),满足 Wardrop 第二原理的称为系统最优分配模型(System-Optimized Equilibrium)。如果交通分配不遵循 Wardrop 原理,而是采用了模拟方法,则该模型为非平衡模型。非平衡模型具有结果简单、概念明确、计算简便等优点,因此在实际工程中得到了广泛应用。非平衡模型的分配手段可分为无迭代方法和有迭代方法两类,其分配形态可分为单路径型与多路径型两类。非平衡模型可以从这两个维度分为表 1-1 中的 4 类形式。

表 1-1 非平衡类模型分类

| 形态 | 分配手段 | |
|---|---|---|
| | 无迭代分配方法 | 有迭代分配方法 |
| 单路径型 | 最短路(全有全无)分配模型 | 容量限制分配模型 |
| 多路径型 | 多路径分配模型 | 容量限制-多路径分配模型 |

## 1.3 交通模型软件及 VISUM 简介

### 1.3.1 交通模型软件

早期,国外设计城市交通系统模型时并没有专门的软件,当时受限于计算机的计算能力,需要使用大型机(如 IBM 7000 系列等)以及自行开发和编写大型计算机程序,导致交通建模和运算工作门槛较高,模型的运算时间较长。随着小型机和微机的出现,国外大学和咨询公司开始根据自己的研究成果以及在相关系统中得到的经验开发出行预测程序,并使其商用化。

目前国内大城市建立城市交通系统模型时主要采用 VISUM(德国)、Transcad(美国)、Cube(美国)、EMME(加拿大),还有国内东南大学王炜教授团队开发的 TranStar。商用交通模型软件的普及,大大减少了人工工作量,解放了模型工程师,使他们有更多的时间研究理论方法在项目实践中的具体应用。

VISUM 具有操作界面清晰、模型精细化程度高、项目管理方便等优点,同时由于笔者近年来的工作主要以 VISUM 建设和维护深圳宏中观交通模型为主,因此本书重点介绍 VISUM 软件。关于软件具体的发展历程和侧重点,建议读者查阅大卫·博伊斯等撰写的《城市出行预测学历史现状与未来》一书。

笔者采用的操作系统为 Windows 10(64 位)。同时本书采用 2021 年学生版 VISUM 进行开发和测试,安装文件由 PTV 公司提供,名为"Setup_VISUM_2021.01-05_x64_Student_Full.exe",文件下载方法请咨询 PTV 公司,具体安装步骤详见提供的案例文件夹(可通过技术讨论 QQ 群索取,群号为 689155738)。书中介绍的方法和程序都经过测试,为了尽量减少开发环境不同导致的细节问题,建议读者自行尝试开发和测试时采用与本书案例所使用的相同的 VISUM 版本。

### 1.3.2 VISUM 简介

双击 VISUM 的桌面图标后,就进入 VISUM2021 的操作界面。用户可以在菜单栏点击❶"视图"(View)->"工具窗口"(Tool Windows),选择具体功能的菜单(图 1-1)。

---

❶ 不加其他说明时,本书中所述"点击"或"单击"均指用鼠标左键点击,"双击"均指用鼠标左键快速连续点击两次。

图 1-1 VISUM 的功能界面菜单

VISUM 的操作界面包含菜单功能，图 1-2 中，用红色圆圈标记的①~⑤分别为"标题栏"（Title Bar）、"菜单栏"（Menu Bar）、"工具栏"（Toolbars）、"网络窗口"（Network Window）、"网络编辑器窗口"（Network Editor Window），这 5 个菜单最常用。⑥~⑪分为别"标记窗口"（Marking Window）、"图形工具窗口"（Graphics Tools Window）、"快速查看窗口"（Quick View Window）、"矩阵窗口"（Matrices Window）、"消息窗口"（Messages Window）、"智能地图窗口"（Smart Map Window），读者可根据自己的喜好进行设置。⑫、⑬分别为"标签栏"（Tab Bar）和"状态栏"（Status Bar），主要用于显示所有打开的窗口、比例尺和指针在网络中的坐标。

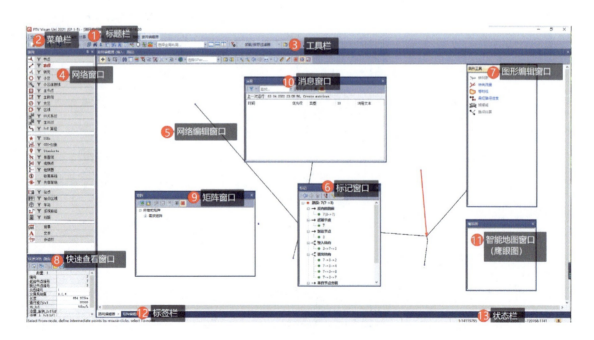

图 1-2 VISUM 的各个功能板块

### 1. 菜单栏

菜单栏主要包含"文件"（File）、"编辑"（Edit）、"视图"（View）、"列表"（Lists）、"过滤器"（Filters）、"计算"（Calculate）、"图形"（Graphics）、"网络"（Network）、"需求"（Demand）、"代码"（Scripts）、"窗口"（Windows）、"帮助"（Help）、"网络编辑器"（Network Editor），读者可自行熟悉界面，这里不详细介绍，但需要强调需要注意的部分：

（1）"过滤器"（Filters）可以实现筛选功能，类似地理信息系统（Geographic Information System，GIS）的选择（Select）功能。

（2）"计算"（Calculate）主要包含"计算流程"（Procedure Sequence）和"计算的通用设置"（General Procedure Settings）等内容，其中"计算流程"为激活计算程序流程的界面，"计算的通用设置"主要包含私人交通的连接线、路段延误函数（VDF）、阻抗、分配和特征矩阵等设置，以及公共交通的分配、流量、特征矩阵等设置。

（3）"网络设置"（Network）主要包括路网的单位系统、坐标体系和路网对象设置等。如需要设置坐标体系，应找到对应的坐标体系或者按照坐标体系参数自行设置.prj文件（无坐标体系的信息的数据一般为投影平面坐标）。用户自定义属性包含软件自带对象的属性和用户自定义属性，通过对话框里的增加、删除按钮可以对自定义属性进行灵活设置。"交通系统/出行方式/需求组成"为激活该菜单的按钮，与需求菜单的按钮具有同样的功能，此外，点击此按钮后还可以设置信号灯、信号灯模块、公共交通（PuT）分析、票价等。

（4）"需求"（Demand）的"交通系统/出行方式/需求组成"为交通系统/出行方式/需求组成部分基本设置的激活按钮；"需求数据"中包括OD需求组成部分、标准时间序列和需求时间序列的设置；"需求模型"中包括基础设置、人群组划分、出行活动对和需求层；也可直接点击"标准4-步骤"（Standard 4-step）、"EVA-人"（EVA-persons）、"出行链模型"（Tour-based model）、"货运出行链模型"（Tour-based freight）、"ABM模型"（Activity-based model，活动模型）等按钮，设置不同类型的需求模型；点击"矩阵"按钮可实现新增矩阵、修改矩阵、打开外部矩阵、保存至外部矩阵文件等功能。

（5）"脚本"（Scripts）包含运行脚本文件、编辑脚本窗口、AddIn增加功能和Python控制台（Python Console或PyCrust，交互式窗口）等功能。

（6）"窗口"（Windows）可以在不小心关掉网络编辑器窗口时，重新显示需要的窗口。

（7）"帮助"（Help）主要包括 VISUM 帮助、COM 接口帮助、VISUM 用户手册、COM-API 介绍、打开文档路径、技术支持、案例和许可。其中，许可包括软件的第一语言、第二语言设置和该版本允许使用的模块。

## 2. 网络

在操作界面的左侧为"网络"（Network）界面（图 1-3），这里可以实现显示、过滤、编辑不同图层的网络数据等功能。网络主要包括路网模型、公共交通（PuT 模型）及其他设置，其中路网模型和公共交通（PuT 模型）分别在 2.2 节、2.3 节进行详细介绍。其他设置如"兴趣点"（POIs）、"GIS 对象"（GIS objects）、"核查线"（Screenlines）等，主要为模型的其他功能，本书不涉及这些内容，读者如有兴趣可自行查阅相关资料。

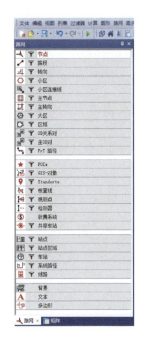

图 1-3 VISUM 的网络界面

## 3. 计算流程

"计算"（Calculate）为模型的运行的控制操作界面（图 1-4），该界面通过菜单栏中的"计算"（Calculate）→"计算流程"（Procedure Sequence）激活或工具栏的图标 激活。

图 1-4 计算流程控制操作界面

下面分别介绍图 1-4 计算流程上方菜单栏 中的按钮功能：点击 按钮可以全部运行，点击 按钮可以单步运行，点击 按钮可以设置是否显示消息，点击 按钮可以打开 .par（程序文件），点击 按钮可以将计算流程保存为 .par 文件，点击 按钮可以进行通用程序设置，点击 按钮可以显示或者隐藏程序设置的属性（如最后一步执行成功等信息）。

在图 1-4 界面的右侧，"创建"（Create）为创建程序按钮，点击后弹出程序的对话框，包含"分配"（Assignmet）、"需求模型"（Demand Model）、"多模式"（Multimodal）、

"PuT 分析"（PuT Analyses）、"PuT 乘客调查"（PuT Passenger Surveys）、"矩阵"（Matrices）、"增加功能"（AddIn）、"其他"（Miscellaneous）等按钮，如图 1-5 所示。

在图 1-4 界面的右侧，点击"创建组"（Create Group）按钮可以几个程序合并为一个组合，这样可以方便统一设置为激活或者激活状态。点击"编辑"（Edit）按钮可为对单独的程序进行编辑。点击"删除"（Delete）按钮可删除程序或者组合。点击"复制"（Duplicate）按钮可复制程序或者组合。点击"向上"（Up）或"向下"（Down）的按钮可以使程序或者程序组合运算的次序上升或下降。点击"设置全激活"（Set All Active）按钮和"设置全部非激活"（Set All Inactive）按钮可以设置所有程序或者组合的状态。

图 1-5 创建程序包含的内容

## 1.4 Python 语言的选择

在商用交通模型软件的使用中，笔者认为软件的版本更新相对于技术的发展有些滞后，在日常建模和模型维护工作中，为提高交通模型的效率，往往需要对软件进行二次开发。笔者先后学习过 BASIC、PASCAL、C++ 等语言，对多种编程语言的语法比较熟悉，2007 年工作后，得知 Python 对于非计算机专业人员比较方便，从那时起便逐渐了解和学习 Python。Python 具有简单易用、提供大量功能类库、具有语言兼容性和跨系统移植能力、代码免费开源等优点。因此，在 VISUM 的使用过程中，为了更高效、灵活地进行宏中观交通模型开发，笔者建议采用 Python 作为二次开发的工具语言。

## 1.5 需要具备的基础知识

由于城市宏中观交通模型开发和应用具有较强的专业性，读者在阅读使用本书前最好具备交通规划、交通工程等领域的专业知识。若读者此前未接触过相关知识，建议先阅读本领域专业教程，如王炜、陈学武编著的《交通规划（第二版）》。

而在编程方面，即使读者没学过任何编程语言也不需要担心，只要有高等数学等相关基础，相信通过阅读学习本书的基础部分和案例部分，便可在一定程度上掌握使用 Python 语言对 VISUM 进行二次开发的技术。必要时，读者可自行查找资料，拓展相关知识。

交通工程属于"5E"学科，内容涵盖执法（Enforcement）、教育（Education）、工程（Engineering）、环境（Environment）和能源（Energy），交通模型涉及城市居民出行的各个方面，预测城市未来交通需求的难度和挑战也不断增大。不过相信在中国交通模型工作者持之以恒的努力下，中国的交通模型项目将不断创新，其准确性和价值会越来越高。

## 1.6　本书内容结构

本书分为绪论、VISUM 基础、VISUM 交通模型建设实践、Python 对 VISUM 二次开发和 Python 高级开发案例 5 部分。

第 1 章为绪论，主要介绍本书的写作背景和目的、交通模型基础知识、城市交通模型软件及 VISUM 简介、Python 语言的选择、需要具备的基础知识和本书的内容结构。

第 2 章为 VISUM 基础，主要介绍 VISUM 的交通需求模型设置、路网模型和公共交通（PuT）模型。VISUM 的交通需求模型设置包括交通系统 / 出行方式 / 需求组成部分和 OD 需求数据等。路网模型包括节点与路段、转向关系、交通小区及连接线等。PuT 模型包括基本设置、轨道交通系统设置、常规公交设置和其他设置等。

第 3 章为 VISUM 交通模型建设实践，介绍如何建立模型架构、准备和校核现状模型数据、规划模型和评估，通过一个相对完整 VISUM 的案例，介绍用 VISUM 搭建交通模型的全过程，让读者在项目中学会如何创建和应用 VISUM 交通模型。

第 4 章为 Python 对 VISUM 二次开发，包含 Python 的基础知识、Python 控制网络对象、Python 控制需求及流程等内容。Python 的基础知识包含变量和简单数据类型，条件分支与循环，列表、元组和字典，函数和类，文件处理和异常处理。Python 控制网络对象包含 Python 与 VISUM 的接口、Python 控制路网、Python 控制公共交通。Python 控制需求及流程包含 Python 控制列表、Python 控制矩阵以及 Python 控制流程和文件等。

第 5 章为 Python 高级开发案例，介绍 Python 在深圳宏中观模型中的高级应用，并给出利用 Python 增加宏观模型地铁系统（线路、网络、换乘、时刻表等）、控制中观模型道路系统（包含出入口、渠化设置和信号灯等）等实践的过程和代码，帮助读者掌握实现高效和精细化的二次开发的方法。

第 2 章

# VISUM 基础

VISUM 交通模型通常由需求模型、基于 VISUM 的网络模型（包含路网模型和 PuT 模型）以及各式各样的影响模型三大部分组成。

需求模型包含了出行需求数据，也就是我们平常说的交通生成、分布和方式划分所得到的 OD 矩阵。网络模型用于描述交通系统的供给信息，主要包含交通小区、节点、公共交通车站、路段、公共交通线路及其时刻表等元素。VISUM 内嵌了多种影响模型，可以对综合交通系统进行分析与评估。

本章重点介绍 VISUM 中需求模型的基本设置、路网模型和 PuT 模型，影响模型和案例将在第 3 章中系统介绍。

## 2.1 需求模型设置

一般情况下，需求模型比路网模型的基本操作更难懂一些。但作为交通模型工程师，在工作开展前应对该区域的需求模型有大致了解，同时由于后续对路网的编辑操作（如某条路的交通系统选择等）需要继承需求模型的设置，为了便于路网编辑，本书首先介绍需求模型设置。

如果一个城市或地区已有 VISUM 模型基础，则建立该城市的交通模型时不必从头到尾进行需求模型设置。可在原模型的基础上删除交通小区或者路段节点后重新建立，也可以将原来模型的一些配置导出成配置文件，再读取到新模型的 .ver 文件中。以下为 VISUM 的基本需求模型设置。

### 2.1.1 交通系统 / 出行方式 / 需求组成

交通系统：提供交通供给的多个交通子系统。交通系统对路网对象指派属性，如模型中某条路仅允许小汽车通行、禁止货车通行，或仅允许地铁通行、禁止汽车通行等。

出行方式：关联一种或多种交通系统。私人交通出行方式只能包含一种交通系统，如小汽车出行方式仅能包含小汽车的交通系统；公共交通出行方式可以包含多种出行方式，如轨道交通出行方式可以包含轨道交通、轨道交通接驳的常规公交和步行交通系统。

需求组成部分：交通供给与交通需求联系的纽带，一方面用于"承上"——与出行方式和交通系统对应，另一方面用于"启下"——与需求数据（即 OD 矩阵）对应。每个需求组成部分对应一种出行方式和一个需求矩阵。

"交通系统"设置模型包含公共交通、私人交通和辅助系统等，并设置不同的交通系统编码，如常规公交，编码设置为"B"，类型为公共交通，同时在第 2 个"出行方式"对话框设置与其关联。"出行方式"设置从单一交通工具或者组合的角度出发，建立由交通系统和需求组成的关系。"需求组成"设置指定出行方式具体由哪些需求组成。该对话框通过依次点击"需求"–>"交通系统 / 出行方式 / 需求组成"激活。VISUM 的"交通系统 / 出行方式 / 需求组成"对话框如图 2-1 所示。

图 2-1　交通系统 / 出行方式 / 需求组成对话框

通过创建、编辑和删除对"交通系统"进行操作（图 2-2）。编辑"交通系统"主要包含基于交通仿真的交通分配方法（SBA）的参数、私人交通主要标准车换算系数等设置。

图 2-2　交通系统设置

编辑"出行方式"主要是选择"类型"（私人交通 / 公共交通），然后选择私人交通对应的交通系统（A 代表客车、GV 代表火车、T 代表出租汽车）、公共交通对应的交通系统（B 代表常规公交、BRT 代表快速公交、M 代表轨道交通、W 代表步行等）。VISUM 的出行方式设置界面如图 2-3 所示。

图 2-3　出行方式设置界面

编辑"需求组成部分"主要针对不同的出行方式设置，选择其"模式"（A 代表客车、B 代表常规公交、GV 代表货车、M 代表地铁、M+B 代表地铁 + 公交、T 代表出租车等），然后填写"占有率"（Occupancy Rate）、"用于短分析时段"（For Analysis Period）和"用于长分析时段"（For Analysis Horizon）。"占有率"用于将需求矩阵中的出行人数转换为车辆数，建议采用默认值 1。车辆转换在交通分配前通过矩阵换算另行解决。"用于短分析时段"建议设置为 1，表明"短时分析时段"与"分配时段"（早高峰 / 晚高峰 / 全天）一致。"用于长分析时段"设置为"365/31/7"。VISUM 的需求组成部分设置界面如图 2-4 所示。

图 2-4　需求组成部分设置界面

## 2.1.2　OD 需求数据

### 1. OD 需求矩阵的创建

OD 在矩阵窗口（Matrices Window）中设置，矩阵按尺度分为交通小区和交通大区两个尺度，按功能分为需求矩阵和特征矩阵。若已确定完整的技术路线，则可以先直接增加 OD 矩阵的编号和名称，方便随后的模型建立；若尚未确定技术路线，可以先不添加 OD 矩阵的编号和名称，待建模的过程中需要时再行添加。添加 OD 矩阵的步骤如下：在左侧窗口选择"矩阵",点击"新建矩阵",然后按顺序填写"矩阵编号""矩阵编码""矩阵名称",选择"矩阵类型""路网对象指引类型"和"数据来源类型",确定后可以生成1个矩阵(图2-5)。

图2-5　OD需求矩阵创建界面

同时VISUM2021支持一次性生成多个矩阵,在如图2-5所示的"创建矩阵"对话框中点击"矩阵数量",填写一次性生成矩阵的数量。例如输入生成10个矩阵后,可以依次点击"列表"–>"OD需求"–>"矩阵",直接对矩阵列表做统一修改。图2-6为VISUM的矩阵列表编辑界面,修改了A(小客车)分配矩阵、GV(货车)分配矩阵、T(出租车)分配矩阵。

图2-6　矩阵列表编辑界面

## 2. 分配矩阵的关联

VISUM交通分配需要将需求组成部分与矩阵中的编号相关联(对应),步骤为依次点击"需求"–>"需求数据",弹出"OD需求数据"对话框(图2-7)。

图 2-7　需求数据对话框

针对"需求组成部分编码",选择相应的矩阵作为分配矩阵。"需求时间序列"处的选择与后面的"需求时间序列"相对应,"矩阵"处可直接选择矩阵或根据特性选择矩阵(图 2-8)。

图 2-8　OD 矩阵与需求数据关联

"标准时间序列"一般为某个时段的时间序列,名称可填写如早高峰、全天、晚高峰、平峰等。同时针对具体某一时间序列,点击"编辑",填写其"开始时间"和"结束时间",以及"其时间段占该时间序列的百分比"(图 2-9)。

图 2-9　OD 需求数据标准时间序列编辑

若模型包含全天模型,选择"全天时间序列"进行编辑,根据全天 24h 每个小时的不同占比,编辑其"时间序列片段",如图 2-10 所示。

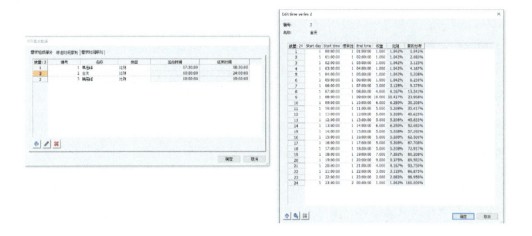

图 2-10  全天标准时间序列编辑

针对早晚模型,亦可对其"时间序列"进行编辑,根据早晚高峰(如 5min、10min、15min 等)的不同占比,编辑其"时间序列片段"。

## 2.2 路网模型

在完成 2.1 节模型的基本设置后,即可开始路网模型的建设和编辑工作,一般轨道交通(单独路权)线网需要在路网模型中增加,只是网络类型与其他交通系统不同,而常规公交网络是附着在路网模型中的道路网络。

在绘制网络前一般需要整理好底图。对于一般城市,若有 .shp 或者 .dwg 格式的路网、地形图等,笔者推荐直接在"背景"处添加作为底图,也可以直接读取网络。VISUM 可以采用网络发布的地图格式 WMS(for Web Map Services),通过点击"编辑"-> 点击"用户设置"-> 点击"用户界面"-> 点击"背景图"中设置,但需要注意网络发布地图的坐标体系。

笔者采用自己建立的福田中心区路网模型案例,仅为介绍构建路网模型的方法,模型中的道路设施断面设置并不符合实际情况,请读者不要直接用于交通工程实际应用。同时为讲解方便,案例采用从软件"水经微图"4.0 版免费下载的背景图,图片格式为 .tif(带坐标)。注意,.tif 格式文件往往较大,在研究范围的面积超过 20km$^2$ 时,不建议采用此方式。

在 VISUM 中点击"背景"->"添加"->"图形文件"按钮,选择文件夹中的背景图(如 .tif、

shp 文件等），导入底图。若城市已有路网 .shp 格式地图，可通过点击"文件"–>"导入"–>"图形文件"按钮直接导入。通常如果不想丢弃原有数据，可以选择"附加读取"。

### 2.2.1 节点与路段

路段与节点是模型基础文件的最根本组成，构成了网络基本的矢量关系。VISUM 的路段一般是双向的，通过起点和终点的节点编号来区分。

#### 1. 新增和移动节点

节点类似于虚拟的交叉口。通过点击"节点"–>点击"添加"，可在交叉口处增加节点（图 2-11）。如果节点位置不对，点击"选择"按钮，对节点进行局部移动。在节点后，节点的信息表的坐标信息会随之改变。

图 2-11　增加节点

#### 2. 路段类型

为了方便对道路进行分级和建设路网模型，在开始建立模型前设置好路段类型，主要包括路段的编号、名称、等级、车道数、通行能力、初始速度等信息。路段类型可以通过依次点击"路段"–>"列表"–>"路段类型"激活（图 2-12）。

图 2-12　路段类型设置

在新建的交通模型中,路段类型的列表是需要新增的,同时新增的列表需要填写名称、交通系统集、车道数和通行能力和初始速度等基本信息。道路需要根据等级和类型分别新增,建议在道路等级和类型中包含模型中用到所有的道路或轨道交通类型,这样可以减少在建立路网过程中的新增或修改操作。

图 2-13 仅为本书用较简单的方式所做的示例。读者在建立一个具体模型时,应根据当地实际情况设置。

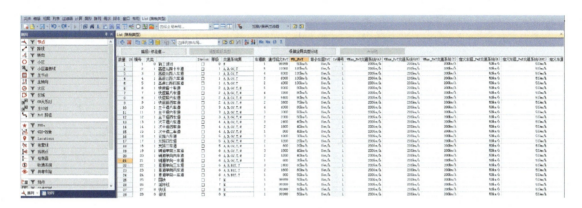

图 2-13　路段类型设置

### 3. 路段图形参数设置

在路段编辑前,按道路等级先设置显示的颜色和线条粗细,便于编辑正确的路段等级信息。点击"路段",选择"图形参数",选择显示激活图形参数对话框(图 2-14)。

图 2-14　路段图形参数设置

选择"分类显示",对所选路段某个字段进行设置,通过修改"上限"(即分类)栏的值,设置不同的颜色和线宽(图 2-15)。

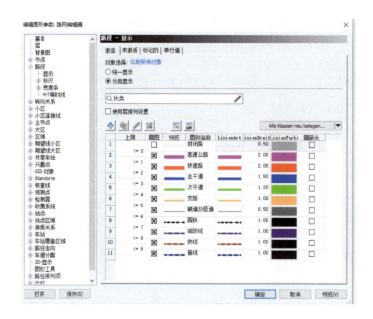

图 2-15　路段分类显示设置

**4. 新增和修改路段**

建立节点后，可以沿某个方向逐一增加路段。点击"路段"-> 点击"增加"-> 由起点至终点点选 -> 选择"道路等级"。双向道路应取消勾选"关闭相反方向"；对于单向道路，建议采用道路单向行驶设置（需要点击"关闭相反方向"按钮，表明另外一个方向通行交通系统为空集），如图 2-16 所示。

图 2-16　增加双向道路设置

路段增加中间点优化线型：右键点击路段，选择"增加中间点"（Add Internemediate Point），拖动节点，通过不停地增加和移动节点，使得路段与实际的线型一致。

"辅道"（即快速路和干线性主干道两侧的集散道路）：建议按照单向道路处理，并按照实际的单向车道数选择"类型"（本书案例设置辅道的类型分别为"20 辅道单向两车道""21 辅道单向一车道"），并勾选"关闭相反方向"选项表示此路段仅供单一方向车辆通行。

**5. 相交道路处理**

可以通过拆分路段，形成平面交叉口。如图 2-17 所示，鼠标右键点击"路段"->点击"拆分"（或者按快捷键 F8），在节点处拆分路段。

图 2-17　路段拆分为平面交叉口设置

VISUM 中的立体交叉口同样由节点和路段组成，路段相交但没有节点，表明路段是空间分离的匝道。新增立体交叉口可以先增加节点（通过依次点击"节点"->"增加"，在立体交叉口处先加上节点），然后沿主线方向增加路段，主线上跨的桥梁建议采用与主线相同的道路等级，过程如图 2-18 所示。对于主线双方向明显分离的道路，可以建立两段独立的路段，并按实际的方向设置，勾选"关闭相反方向"选项。

图 2-18　立体交叉口增加主道

对于单向的匝道和左转、右转的匝道均建议采用匝道等级表示,同时需要勾选"关闭相反方向"选项。

### 2.2.2 转向关系

转向关系实际为交叉口的设置,包含"转向""渠化"❶"信号配时"等设置。其中,"转向"为模型最基本设置,指进口与出口路段间的转向关系;"渠化"和"信号配时"为进阶层次,主要面向中观模型、动态分配和作为 VISSIM(微观模型)输入等应用,读者若初次接触 VISUM,可先跳过这两部分内容。

#### 1. 转向

转向关系设置通过点击"转向"–> 点击"选择"–> 双击交叉口节点进入"转向模式"(图 2-19)。

图 2-19 平面交叉口转向关系设置

点击"转向",可控制下一层次的车道转向,建议优先设置交叉口转向关系,以便减少车道转向设置的次数。点击某一方向,通过点击右键菜单中的"关闭"、按键盘"Del"键(该转向"关闭"或"删除"相当于将其通行的交通系统设置为空值)或者选择"Select None"来关闭转向功能(图 2-20)。

如不小心误删转向,点击"转向",然后在空白处点击右键,显示关闭的转向,针对误删的转向,重新选择其"交通系统",或者通过 VISUM 的"后退"按钮进行恢复。

---

❶ 英文版 VISUM 中使用"Geometrie"一词,英文直译为"几何"。

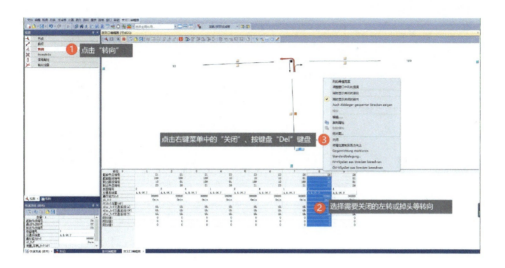

图 2-20　删除转向设置

## 2. 渠化

设置好转向关系后,对具体的车道进行"几何"(Geometrie)渠化设计,其中"分支"界面可对该节点的几个方向进行设置(图 2-21)。

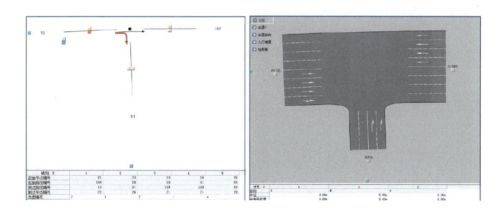

图 2-21　平面交叉口分支转向设置

在"车道 P"处可为每个车道(即进口道或者出口道)进行设置,可以对某一进口或出口进行增加或者减少操作,如图 2-22 所示。点击车道前方的"方框",可以对车道转向进行详细设置,实线代表通行,虚线代表不通行;通过"增加""删除"按钮将车道设置为左转、直行、右转和掉头车道。

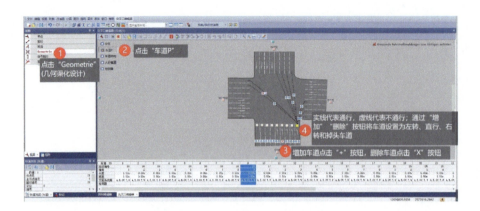

图 2-22　平面交叉口车道转向设置

## 3. 信号配时

为平面交叉口录入信号配时方案的操作步骤为：点击"信号配时"–> 点击"增加信号灯"–> 填写"周期时长"–> 选择"信号控制类型"（一般选择"基于信号灯组"或者"基于相位"两种类型）（图 2-23）。

图 2-23　平面交叉口信号配时设置

设置信号灯组的操作步骤为：点击"创建信号灯组"–> 填写"名称"（非必填）–> 填写"绿灯开始时间"和"结束时间"–> 填写"黄灯时间"–> 填写"全红时间"（非必填）（图 2-24）。

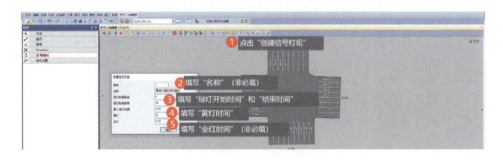

图 2-24　平面交叉口信号灯组设置

针对具体的信号灯组，选择对应控制的行驶方向的操作步骤为：鼠标右键点击"信号灯组"–>选择"编辑车道转向"–>选择该信号灯组控制的通行车道方向（图 2-25）。

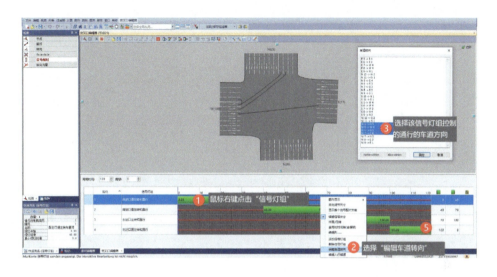

图 2-25　为平面交叉口信号灯组选择对应控制的行驶方向

第二种方法基于相位的信号控制，每个相位内包含一个信号灯组的集合，信号灯组的绿灯时间根据相位的绿灯时间得到。VISUM2021 学生版没有提供模板，笔者将 VISUM12.5 版的 signalTemplatesRightHandTraffic.net 放进材料文件夹，附加读取的操作步骤为：点击"打开文件"–>点击"路网"–>选择"signalTemplatesRightHandTraffic.net"–>勾选"附加读取路网文件"–>忽略错误（若是自己写的模块则建议提示错误）–>点击"确定"（图 2-26）。

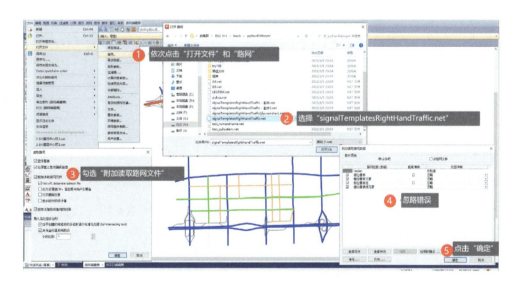

图 2-26　平面交叉口信号灯相位模块附加读取（1）

在需要增加信号灯的节点点击"转向"–>点击"信号配时"–>点击"增加信号灯按钮"–>选择"基于相位"–>并填写"周期时间"（图 2-27）。

图 2-27　平面交叉口信号灯相位模块附加读取（2）

添加完信号灯周期时间后，点击"信号模块"–>选择原 VISUM 自带的适合的信号灯模块 –>点击"确定"（图 2-28）。读者如需要建立适合自己城市的模块，需要研究其模块的规则。

图 2-28　平面交叉口信号灯相位模块附加读取（3）

### 2.2.3　交通小区及连接线

交通小区一般分为外部交通小区和内部交通小区。外部交通小区包含研究范围的外部境界线和机场、火车站、客运场站等特殊吸引点；内部交通小区主要用于计算范围内土地利用生成的交通发生和吸引量等集计单位。

新增交通小区步骤：点击"小区"–>点击"增加"按钮 –>在交通小区中心位置点击"新增"–>按逆时针顺序点击形成闭合的交通小区范围线。

如果在新增的过程中没有添加范围，则可以用鼠标右键点击交通小区中心，选择"添加面"添加,其步骤为:点击交通小区范围线上的某点(作为起点)-> 沿着交通小区范围逆时针依次点击 -> 回到起点双击形成闭合的交通小区范围。

若交通小区初始范围过大,可以设置拆分,用鼠标右键点击并选择"拆分"或者按 F8 快捷键,可以按发生量的比例和吸引量的比例拆分交通小区;若交通小区范围与目标范围相差甚远,可以删除原有交通小区范围后新增,其步骤为:用鼠标右键点击交通小区范围,并选择"初始化边界"删除原有范围,再用鼠标右键点击交通小区质心并选择"添加面"重新编辑范围。另外也可以采用 .shp 文件进行"附加文件导入"直接导入交通小区。

由于 VISUM2021 学生版只开放了 30 个交通小区的权限,本书案例以 30 个交通小区(15 个内部交通小区、15 个外部交通小区)作为案例,详见图 2-29。

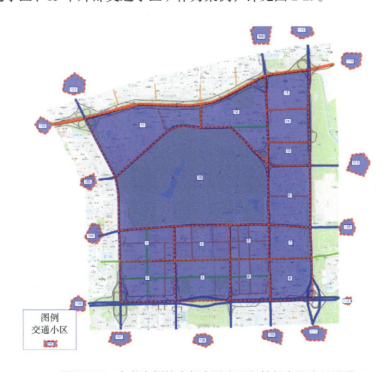

图 2-29　本书案例的内部交通小区和外部交通小区设置

交通小区连接线是一种虚拟线,作为 OD 矩阵车流与路段节点的中间环节、人流与 PuT 站点节点的中间环节。针对外部交通小区:一般衔接点均靠近外部交通小区,因此可以直接生成交通小区连接线。通过过滤器筛选外部交通小区的步骤:点击"过滤器"-> 点击"小区"-> 勾选"使用过滤条件"-> 点击"特征属性"-> 填写"外部小区条件"(本书案例中外部交通小区编号 >100)(图 2-30)。

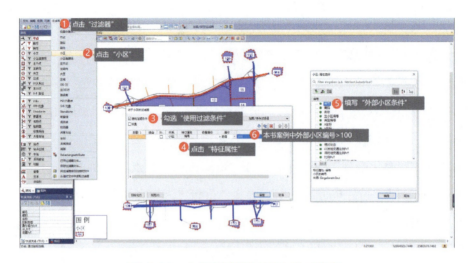

图 2-30　本书案例的外部交通小区选择

交通小区连接线具备统一添加条件（如外部交通小区与其最近的道路节点为连接线关系等）可统一添加，具体步骤为：用鼠标右键点击"小区连接线"–>点击"创建"–>点击"私人交通连接线"–>输入"当前步最大数量"–>设置"小区连接线类型编号"（方便后序筛选处理）（图2-31）。

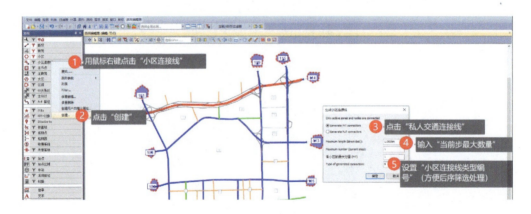

图 2-31　本书案例的生成交通小区连接线设置

对于单向道路等无法统一添加的交通小区连接线，需要单独补充。点击"小区连接线"–>点击"增加按钮"–>由交通小区起点至终点点选。

内部交通小区连接线也可以按上述方法统一增加，但是这样处理比较粗糙。以下为在中观交通模型层次针对停车场出入口和连接道路的情况添加交通小区连接线的操作步骤：点击"节点"–>点击"增加"–>点击停车场的位置（可先一次性添加）–>对新增的停车场的点进行标记（如名称输入"停车场出入"等，方便后序筛选处理）（图2-32）。

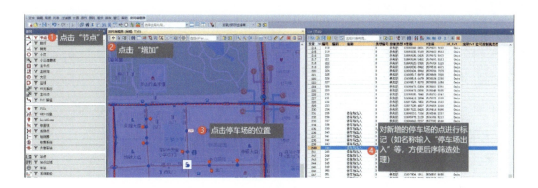

图 2-32 本书案例的停车场出入口位置设置

接着增加出入口衔接路段：点击"路段"–>点击"增加"–>从停车场出入点新增道路至衔接节点（等级建议为内部道路或支路）。然后针对衔接点设置交叉口转向设置：点击"转向"–>按照停车场出入口和道路衔接方式设置"通行交通集合"。最后生成交通小区连接线：点击"小区连接线"–>点击"增加"–>点击交通小区质心、点击停车场的位置（图 2-33）。

图 2-33 本书案例的新增交通小区连接设置

## 2.3 公共交通（PuT）模型

### 2.3.1 基本设置

**1. 车辆单元、组合和票价系统**

VISUM 中如公交车、有轨电车、地铁或城际铁路等通过网络模型表征，其容量通过车辆单元和车辆组合来反映，座位数和总容量反映列车的运能，计算特征矩阵用于方式划分和容量限制的分配，同时 VISUM 的票价系统可根据城市实际运行的模式设置灵活设置，并可通过时间价值调查表征特征矩阵。

车辆单元设置步骤：点击“列表”-> 点击“PuT 运营”-> 点击“车辆单元”-> 点击“添加”-> 设置“编号”（A 代表 A 型车、B 代表 B 型车、Bus 代表常规公交等）-> 选择“交通系统”-> 选择“具体交通方式”（B 代表常规公交、BRT 代表快速公交、M 代表轨道交通等）-> 设置“总位数”和“座位数”（图 2-34）。

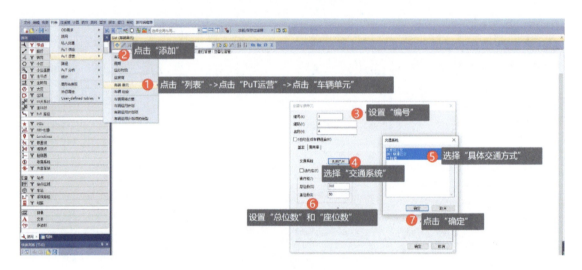

图 2-34　车辆单元设置

根据我国轨道交通现行规范或者城市购买车型的配置，设置好“座位容量”和“总客位容量”。图 2-35 中设置的车辆单元为地铁的 A 型车、B 型车和常规公交车。

List (车辆单元)

| 数量：3 | 编号 | 编码 | 名称 | 交通系统集 | 发动机车 | 座位容量 | 总客位容量 |
|---|---|---|---|---|---|---|---|
| 1 | 1 | A | A | M | ☐ | 50 | 310 |
| 2 | 2 | B | B | M | ☐ | 40 | 235 |
| 3 | 3 | Bus | Bus | B | ☐ | 30 | 80 |

图 2-35　车辆单元一般编码和容量设置

车辆组合即通过车辆单元和数量组成车辆的类型，如地铁的 6A 型（即 6 节 A 型车厢），其操作步骤为：点击“列表”-> 点击“PuT 运营”-> 点击“车辆组合”-> 填写“组合编码”和“名称”-> 点击“车辆单元”中的“创建”-> 选择车厢的型号 -> 填写“数量”（图 2-36）。

图 2-36　车辆单元一般编码和容量设置

或者可以通过依次点击"路网"–>"PuT 车辆"激活车辆单元和车辆组合对话框，对车辆单元和车辆组合进行创建、编辑和删除等设置（图 2-37）。

图 2-37　车辆单元及组合设置

创建好车辆组成后，通过车辆组成列表，可以看到车辆组成的编码、交通系统、名称、座位容量、总客位容量、车辆单元数等信息，其中灰色栏为系统根据前面的设置自动生成的（图 2-38）。

| 数量: 4 | 编号 | 编码 | 交通系统集 | 名称 | 座位容量 | 总客位容量 | 车辆单元数 |
|---|---|---|---|---|---|---|---|
| 1 | 1 | 六节A | M | 六节A | 300 | 1860 | 6 |
| 2 | 2 | 六节+二节商务 | M | 六节+二节商务 | 350 | 2170 | 7 |
| 3 | 3 | 六节B | M | 六节B | 240 | 1410 | 6 |
| 4 | 4 | Bus | B | Bus | 30 | 80 | 1 |

图 2-38　车辆组成一般编码和容量生成

采用公共交通方式出行的乘客进行出行方式选择或者路径选择时，票价是一个重要的考虑因素。因此，有必要在模型建设的初期就录入城市 PuT 系统票价的真实值。设置票价系统的步骤如下：点击"路网"–> 点击"PuT 票价"–> 增加票价系统信息（图 2-39）。

一般城市有铁路（高速铁路和普通铁路）、地铁、普通公交和支线公交等形式，应根据城市实际情况设置。

图 2-39　票价系统设置

设置好票价系统后，对车票类型进行设置，如高速铁路的票价结构可结合实际选择"基于距离的票价"、支线公交可设置为"短途票价"等，同时也可设置不同车票类型的等级。以基于距离的地铁票价设置为例，可设置 4km 内票价为 2 元，超过 4km 后每增加 4km 加收 1 元（不足 4km 按 4km 计算），最高收费 7 元（图 2-40）。

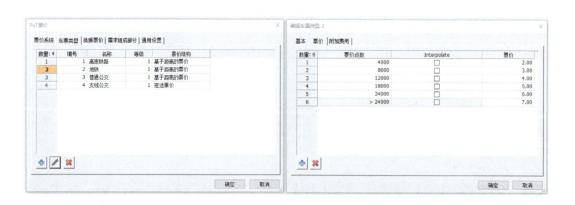

图 2-40　车票类型及票价设置

根据前面的车票类型，设置相互间的换乘票价。如高速铁路换乘高速铁路、高速铁路铁换乘地铁、地铁换乘高速铁路等没有优惠，换乘票价均设置为 0；普通公交换乘普通公交、普通公交换乘支线公交每次换乘优惠 0.4 元（图 2-41）。

| 数量: 16 | 票价系统编号 | 票价系统名称 | 到票价系统编号 | 到票价系统名称 | 票价 |
|---|---|---|---|---|---|
| 1 | 1 | 高速铁路 | 1 | 高速铁路 | 0.00 |
| 2 | 1 | 高速铁路 | 2 | 地铁 | 0.00 |
| 3 | 1 | 高速铁路 | 3 | 普通公交 | 0.00 |
| 4 | 1 | 高速铁路 | 4 | 支线公交 | 0.00 |
| 5 | 2 | 地铁 | 1 | 高速铁路 | 0.00 |
| 6 | 2 | 地铁 | 2 | 地铁 | 0.00 |
| 7 | 2 | 地铁 | 3 | 普通公交 | 0.00 |
| 8 | 2 | 地铁 | 4 | 支线公交 | 0.00 |
| 9 | 3 | 普通公交 | 1 | 高速铁路 | 0.00 |
| 10 | 3 | 普通公交 | 2 | 地铁 | 0.00 |
| 11 | 3 | 普通公交 | 3 | 普通公交 | -0.40 |
| 12 | 3 | 普通公交 | 4 | 支线公交 | -0.40 |
| 13 | 4 | 支线公交 | 1 | 高速铁路 | 0.00 |
| 14 | 4 | 支线公交 | 2 | 地铁 | 0.00 |

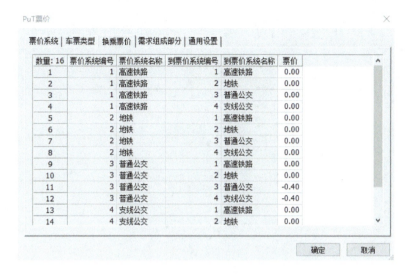

图 2-41　本书案例的换乘票价设置

需求组成部分针对不同需求组成编码，设置其“车票类型”（图 2-42）。

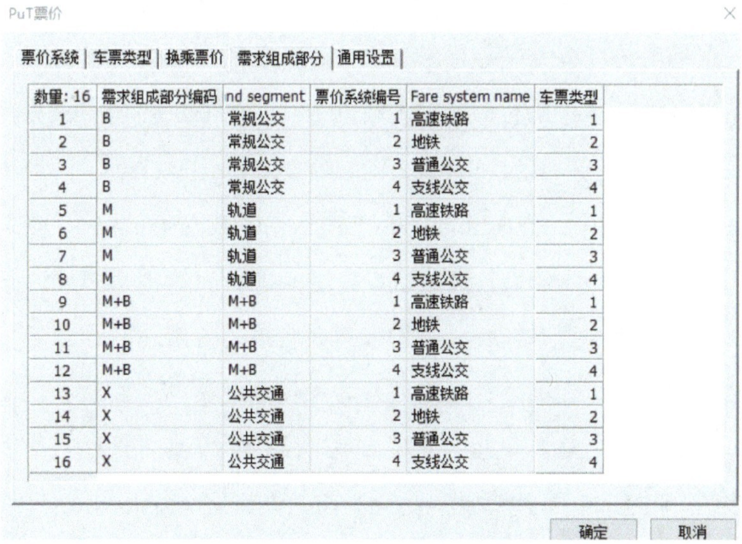


| 数量: 16 | 需求组成部分编码 | nd segment | 票价系统编号 | Fare system name | 车票类型 |
|---|---|---|---|---|---|
| 1 | B | 常规公交 | 1 | 高速铁路 | 1 |
| 2 | B | 常规公交 | 2 | 地铁 | 2 |
| 3 | B | 常规公交 | 3 | 普通公交 | 3 |
| 4 | B | 常规公交 | 4 | 支线公交 | 4 |
| 5 | M | 轨道 | 1 | 高速铁路 | 1 |
| 6 | M | 轨道 | 2 | 地铁 | 2 |
| 7 | M | 轨道 | 3 | 普通公交 | 3 |
| 8 | M | 轨道 | 4 | 支线公交 | 4 |
| 9 | M+B | M+B | 1 | 高速铁路 | 1 |
| 10 | M+B | M+B | 2 | 地铁 | 2 |
| 11 | M+B | M+B | 3 | 普通公交 | 3 |
| 12 | M+B | M+B | 4 | 支线公交 | 4 |
| 13 | X | 公共交通 | 1 | 高速铁路 | 1 |
| 14 | X | 公共交通 | 2 | 地铁 | 2 |
| 15 | X | 公共交通 | 3 | 普通公交 | 3 |
| 16 | X | 公共交通 | 4 | 支线公交 | 4 |

图 2-42　本书案例的需求组成部分与车票类型设置

## 2. 车站、站点区域和站点

在 VISUM 中大型车站的逻辑表征为：车站包含站点区域，站点区域包含站点，如图 2-43 所示。

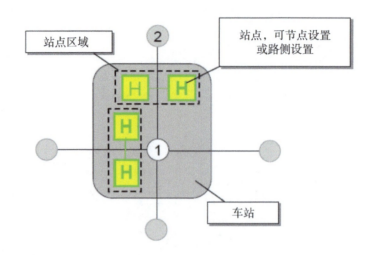

图 2-43　VISUM 中大型车站的逻辑表征

站点（Stop Point）：一条或多条线路的出发站点，PuT 线路的车辆在此停靠，完成上客、下客。在多数模型中，站点对应于公交的站牌或轨道交通的站台。

站点区域（Stop Area）：组合相邻的多个站点，并作为客流从交通网络节点进入站点的虚拟路径。根据笔者的理解，站点区域（Stop Area）的功能为承上启下，一方面实现客流从节点进入站点区域（Stop Area）后进入站点（Stop Point）的功能，另一方面实现同属于一个车站（Stop）的站点区域（Stop Area）实现换乘交换的功能。

车站（Stop）：包含整个站点（Stop Point）和站点区域（Stop Area）集合的对象。车站（Stop）是三者的最高对象，涵盖名称、站点区域换乘时间等构建属性。站点区域属于某一车站这一逻辑关系，使得站点区域之间得以建立换乘的关系。

以深圳北站为例，目前广深港客运专线、厦深铁路两条高速铁路，以及深圳地铁 4 号线、5 号线和 6 号线均通过深圳北站。此处车站（Stop）为深圳北站，站点（Stop Point）可认为是 4 号线、5 号线和 6 号线停靠的站台，而站点区域（Stop Area）是这些站点（Stop Point）换乘交换的区域，同属于同一个车站（Stop）——深圳北站之中。

同时，在 VISUM 的表达中，站点有两种建模方式，一种是站点直接与节点关联，另一种是站点位于路段的某个位置（但实际也是通过节点相关联）。

## 2.3.2 轨道交通系统设置

**1. 轨道交通线路**

这里的轨道交通线路指的是轨道交通线路在模型中的物理路线，由于一般轨道交通系统独立运营，不依附道路系统，因此轨道交通线路在 VISUM 网络中应设置独立的路段和节点。同时，轨道交通线路一般分为国家铁路、城际铁路、快速轨道线路、普速轨道线路等，其行驶速度、交通系统集设置与道路一样在 VISUM 中"路段类型"设置。在 VISUM 中按轨道交通站点位置生成节点的操作与生成道路的节点操作一致，这里不再重复。生成节点后，建立轨道交通线路的步骤如下：点击"路段"–>点击"增加"–>由起点向终点增加路段–>选择轨道交通线路的等级（图 2-44）。

图 2-44　新增轨道交通线路

生成轨道交通线路后，需要在节点转向位置开通交通系统集（即轨道交通 M 系统），一般情况开通直行即可，但针对可跨线运营的线路可打开"转向"或者"掉头"。关闭"转向"或"掉头"的步骤：点击"过滤器"–>点击"转向"–>勾选"使用过滤条件"–>点击"增加"–>点击"特征属性"（本书案例通过"起始路段\类型编号"或"到达路段\类型编号"包含在"25 国铁，26 城际线，27 快线，28 普线"且"类型编号"包含在"4 掉头"的条件筛选出轨道交通节点，按住"转换"（Shift）键点选条件 1 和条件 2 并点击"放入括弧"完成条件的逻辑关系设置）–>在转向列表中对"交通系统集"实现全选–>在蓝色区域点击鼠标右键–>选择"关闭"，关闭掉头（图 2-45）。

图 2-45　新增轨道交通线路转向设置

### 2. 轨道交通站点、站点区域和车站

设置完 VISUM 的轨道交通线路后，需要添加轨道交通站点、站点区域和车站。但在添加前，为了更加清晰地区分添加的是站点、站点区域还是车站，有必要先设置这三者的图形参数。设置站点图形参数的步骤：右键点击"站点"–>编辑"图形参数"–>设置"站点显示"–>选择车站标志，或者自行设计，或者从网上下载图片。

（1）添加方法一：先分别增加站点、站点区域和车站，再关联其中一个车站并删除另外一个车站。

由于轨道交通站点和站点区域一般比较独立，本书建议在站点的位置单独设置生成轨道交通站点、站点区域和车站，由于车站包含所有的站点区域，需要将其中一处的站点区域关联到另一处的车站，并将没有关联的车站删除。步骤为：点击"站点"–>点击"增加"–>在轨道交通线路的节点处增加站点，同步自动生成轨道交通站点、站点区域和车站 –>在另一条轨道交通线路节点处增加"站点"，此时两个车站需要进一步设置才能关联成换乘站（图 2-46）。

接着，点击"站点区域"–>点击"选择"–>点击其中一个站点从属的车站（本案例中从属车站编号为 356）–>点击另一个车站（本案例中车站编号为 366）进入编辑模式 –>选择"改变车站"–>关联到另外一个车站（本案例为前述的车站编号 356）–>点击"分配车站"（图 2-47）。

图 2-46　在本书案例中的轨道交通线路上增加站点、站点区域和车站

图 2-47　在本书案例中的轨道交通线路上修改站点区域和车站的关系

通过以上操作已将该站点区域关联到另外一个车站。此时，点击需要删除的车站，按键盘上的"删除"（Delete）键可直接将其删除。

（2）添加方法二：先增加其中一个站点、站点区域和车站，然后新增站点区域与车站关联，再新增站点与站点区域关联。

新增站点区域与车站关联的步骤为：点击"站点区域"–>点击"增加"–>在车站周边新增"站点区域"，VISUM 自动关联最近点 –>输入"编码"（建议区别轨道交通和常规公交站点，本案例轨道交通站点编码为 1，常规公交编码为 0）–>填写"站点名称"–>点击"确定"（图 2-48）。

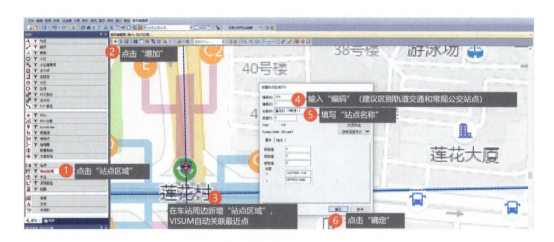

图 2-48　在本书案例中新增站点区域与车站关联

新增站点与站点区域关联的步骤为：点击"站点"–> 点击"增加"–> 在站点区域处点击 –> 填写"名称"–> 核实新增站点与当前站点区域关联关系是否正确，若不正确点击"改变站点区域"–> 选取要关联的站点区域编号 –> 点击"分配站点区域"–> 点击"确定"（图 2-49）。

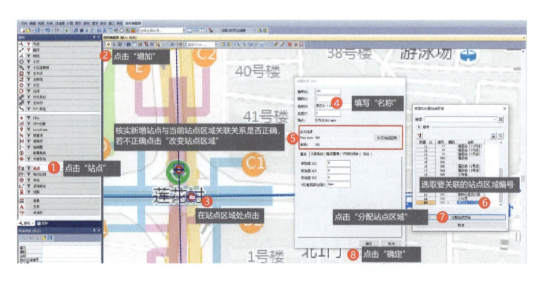

图 2-49　在本书案例中新增站点与站点区域关联

### 3. 主线路、线路和线路路径

VISUM 的公共交通（PuT）中供给设置分为主线路（Main Lines）、线路（Lines）、线路路径（Line Routes）、时刻表（Time Profiles）、车辆历程（Vehicle Journeys，指每趟列车或公交车从起点出发、途径沿路路径点以及抵达终点的实际时间）和车辆历程元素（Vehicle Journey Items）6 个等级。这种"自上而下"的结构保证了对信息的尽可能高效重复利用，上一层次定义的相同信息可直接赋值下一层次直至最下层次，实现一次性完成信息定义。例如，将某一线路的走向应用于数个车辆历程。本节主要介绍主线路、线路和线路路径，而时刻表、车辆历程和车辆历程元素由于在地铁和常规公交中设置一致，因此后三者放在 2.3.4 节"其他设置"中单独介绍。

（1）主线路（Main Lines）。主线路是可选路网对象，用于对线路进行集计评估。主线路可以合并不同交通系统的线路。该对象不影响分配结果或时刻表的结构。该对象的相关功能主要是针对运营情况进行统计的应用，本书侧重交通规划评估方面，因此不做详细介绍。

（2）线路(Lines)。线路用于定义某一地铁线或常规线路的属性，包含名称、车辆组合、票价等基础信息。在 VISUM 数据模型中，一条线路通常用于组合多条线路路径。如新增线路为地铁 1 号线，仅需要在 VISUM 中录入地铁 1 号线名称、车辆编组（在 VISUM 中为"标准车辆组合"）和票价等基础信息，在 VISUM 网络中线路没有空间走向，也无法定义两站点间的行驶时间。线路创建后，在随后创建线路路径、时刻表、车辆历程时，系统自动采用标准值，减少重复的录入工作。

（3）线路路径（Line Routes）。线路路径继承线路的信息，并用于描述线路在一个方向上的空间路径走向。一条线路路径（Line Route）属于唯一一条线路（Line），线路路径走向由一系列路径点来定义。线路路径走向的长度信息可根据两个相邻路径点的位置计算得出。路径点可以是线路路径走向上的一个节点或一个站点。线路路径走向上的所有该路线可停靠的站点通常为路径点。线路路径走向上的节点都可被选择为路径点。线路路径走向必须开始并终止于位于节点的站点上。线路路径通常成对存在，代表两个方向。然而，每条线路可以包含任意多条线路路径。某一线路的不同线路路径（对）代表不同的走向，以路径点连起来的线条来表示。线路路径可手动生成或基于已有系统路径自动创建。

添加轨道交通线路的步骤：点击"线路"–>点击"增加"–>点击"线路"–>填写"线路名称"–>选择"交通系统"–>选择"车辆组合"–>选择"运营商"（可缺省）–>设置"票价系统"–>点击"确定"（图 2-50）。

图 2-50　在本书案例中添加轨道交通线路

添加轨道交通线路路径的步骤：点击"线路"–> 点击"增加"–> 点击"路线"–> 选择先前创建的"线路名称"–> 输入"路径名称"–> 选择"方向"–> 点击"确定"–> 先用鼠标左键点击起点，按住不放，拖动鼠标至终点，放开左键 –> 点击"确定"（图 2-51）。

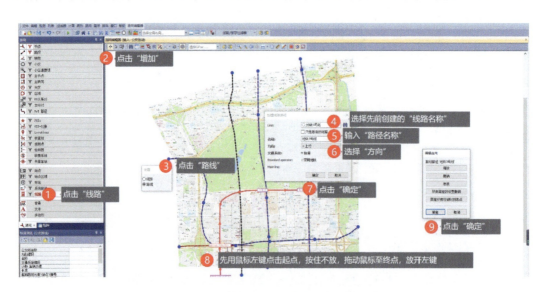

图 2-51　在本书案例中添加轨道交通线路路径

编辑轨道交通线路路径的步骤：点击"线路"–> 点击"选择"–> 双击编辑线路 –> 设置中途是否停靠 –> 设置"停车时间"（图 2-52）。

图 2-52　在本书案例中编辑轨道交通线路路径

### 2.3.3　常规公交设置

常规公交设置与轨道交通设置存在差异，因为轨道交通是单独的线路，而常规公交是附着在道路网络中的。因此，在 VISUM 中，常规公交设置相对地铁设置要复杂一些。

**1. 公交站点、站点区域和车站设置**

本书建议按照公交站点的实际位置在 VISUM 中增加站点，一方面使模型与现实相符，另一方面在自动化增加线路的时候也容易与现实相符。添加常规公交站点的步骤为：点击"站点"–> 点击"增加"–> 在靠近路段的位置点击公交站点（注意选取的路段和方向，避免选错轨道交通线路或者方向）–> 填写"编码"（本书案例采用"0"，用来区分常规公交和地铁站点）–> 填写"名称"（非必填）（图 2-53）。此时站点区域、车站也会一并增加，并且需要单独设置。

图 2-53　在本书案例中添加常规公交站点

如果希望降低模型的运算量,可以将对向的公交站点设置为 1 个站点区域。其更改站点区域与车站关联的步骤为:点击"站点区域"–> 点击"增加"–> 在两个公交站点连线的中点点击增加站点区域(该站点区域从最近车站出发,形成关联关系)–> 填写"公交站点区域名称"–> 点击"确定"(图 2-54)。

图 2-54　在本书案例中常规公交更改站点区域与车站关联

改变站点和站点区域的联系的步骤为:点击"站点"–> 点击"增加"–> 在空白处点击鼠标右键,选择"插入对象时显示对话框"–> 点击插入公交站点 –> 填写"名称"(建议与站点区域一致)–> 选择"改变站点区域"–> 选择其"站点区域"–> 点击"分配站点区域"–> 点击"确定"(图 2-55)。

图 2-55　在本书案例中改变常规公交站点和站点区域的联系

最后,将没有关联的站点区域和车站删除。

## 2. 公交线路设置

添加常规公交的公交线路的步骤：点击"线路"–>点击"增加"–>选择线路–>填写"名称"–>选择"交通系统"（常规公交）–>选择"车辆组合"（BUS）–>选择"运营商"（可缺省）–>设置"票价系统"–>点击"确定"（图2-56）。

图2-56　在本书案例中添加常规公交线路

## 3. 公交线路路径

添加常规公交线路路径的方法与添加轨道交通线路路径的方法一致，其步骤为：点击"线路"–>点击"增加"按钮–>点击"路线路径"–>选择先前创建的"线路名称"–>输入"路径名称"–>选择"方向"–>先用鼠标左键点击起点，按住不放，拖动鼠标至终点，放开左键–>点击"确定"。

对常规公交线路路径进行编辑的步骤为：点击"线路"–>点击"选择"–>点击"线路路径"–>双击要编辑的线路–>设置"是路径点"栏的值（☒代表停靠，☐代表不停靠）–>设置"公交车停车时间"（以分钟为单位）（图2-57）。

图2-57　在本书案例中编辑常规公交线路路径

### 2.3.4 其他设置

**1. 时刻表设置**

将一个线网与对应的详细时刻表作为 PuT 供给分析的输入，便可运用基于时刻表的方法进行分配与特征值的计算。该方法可以考虑时刻表信息，同时确保特征值计算的高精度。

时刻表的录入步骤：点击"线路"–>点击"选择"–>用鼠标右键点击要编辑的线路–>点击"时刻表"–>点击"创建车辆历程"–>填好基本信息–>点击"常规行车"–>建议勾选"在车辆历程名称前连续编号"–>设置"开始时间"–>设置"结束时间"–>设置"频率"–>点击"确定"（图 2-58）。对于不按常规间隔时间的列车时刻表，可以单独设置其时间。

图 2-58 在本书案例中录入时刻表

设置好线路、线路路径、时刻表的单向列车或班车，需要设置其反方向的，可以通过创建反方向的命令实现：点击"线路"–>点击"选择"–>选择"线路"–>用鼠标右键点击要编辑的线路–>点击"创建反方向"（图 2-59）。

图 2-59 在本书案例中创建反方向公交路径（包含时刻表）

## 2. 换乘设置

轨道交通站点之间、轨道交通站点与公交站点之间、公交站点之间的换乘距离和时间对出行者的选择有较大影响，因此在 VISUM 的宏观模型中，建议按时间录入其换乘时间。单个车站的换乘时间设置步骤：点击"车站"–>点击"选择"–>选择要编辑的车站–>点击"站点区域步行时间"–>设置"站点区域换乘时间"–>点击"确定"（图 2-60）。

图 2-60　在本书案例中设置单个车站的换乘时间

整体根据换乘距离设置换乘时间的步骤：点击"列表"–>点击"PuT 分析"–>点击"车站上的换乘站点区域换乘步行时间"–>根据站点区域之间的距离按照一定步行速度设置"换乘时间"（图 2-61）。

图 2-61　在本书案例中根据换乘距离设置整体换乘时间

## 3. 小区连接线

先使用过滤器过滤节点作为轨道交通站点的节点，然后采用过滤器选择内部小区，最后生成小区连接线（其步骤操作参考本书图 2-36，只需要将点击"私人交通连接线"改为点击"公共交通连接线"）。

一般可按照轨道交通站点和常规公交站点不同的步行可达性设置不同的小区连接线的数量。例如，假设出行者所在交通小区以型心为圆心半径 500m 范围内有多个地铁站，所有的地铁站均与该交通小区连接，表示该出行者可以选择任意一个地铁站；若该交通小区半径500m范围没有地铁站，则将距离放宽至1000m，表示该交通小区的居民为了乘坐地铁可以容忍步行1000m，如此类推设置。对应操作步骤为：设置"最大连接距离"为500m，将"当前步最大数量"设置为10条连接线，生成交通小区连接线 –> 在过滤器中选择"上一步没有生成交通小区连接线"的小区，将"最大连接距离"设置为1000m，将"当前步最大数量"设置为5条连接线，生成交通小区连接线 –> 在过滤器中选择"还没有生成交通小区连接线"的小区，将"最大连接距离"设置为2000m，将"当前步最大数量"设置为1~2条连接线 –> 循环以上步骤，继续增大"最大连接距离"直至所有交通小区均有地铁连接线。这样设置保证了网络中不会漏掉地铁出行的路径。读者不必担心交通小区与地铁站之间的距离超过5km，仍连上交通小区连接线不合理，实际交通模型中由于步行距离较大、时间较长，最终该路径几乎不会被选择。

第 3 章

# VISUM 交通模型建设实践

本章主要以前面介绍和搭建的深圳福田中心区路网模型作为实践案例，通过实际应用帮助读者加深对基础知识的理解。一般情况下，如果所在片区已有交通模型，可在现有模型的基础上裁剪导出所需的部分。

# 3.1 建立模型架构

在建立一个片区的模型前，首先要收集片区现状和规划的资料，了解清楚项目的现状、交通状况和土地利用状况，充分利用已有资料和大数据资料，根据项目的需要判断是否需要进行补充调查，同时需要针对项目的目标和方案，确立合适的模型架构。

### 3.1.1 现状模型数据

现状模型数据包括现状基础模型搭建所需的数据——路网数据（包括道路等级、车速、交叉口渠化、信号配时）、PuT 数据（包括线路、站点、列车时刻表、车辆历程）、交通流量数据（包括路段流量、交叉口转向流量、站点上下客人数、线路断面流量）等，需求数据（包括小区划分、现状 OD 矩阵、现状分布）等。从模型角度收集以上数据，收集的数据格式可能是 .cad、.shp 或者 .xlsx 等，一般情况需要整理加工并录入模型之中。

### 3.1.2 规划资料梳理

构建模型前需要先收集项目规划方面资料，如战略规划、国土空间规划、分区规划、土地利用规划、交通规划等资料。构建模型架构需要对规划资料有充分深入的理解，必要时建议与交通规划专业人员探讨项目的背景、定位、涉及范围、目标、初步方案等情况，多角度理解规划项目或改造项目的规划想法，同时也需要与项目甲方充分沟通，了解甲方希望交通模型可以在哪方面提供支撑，同时也需要自己主动分析模型应该对规划方案提供哪些支撑等，认真进行前期设计构想。

### 3.1.3 建立模型架构

读者在项目实际应用中,应基于可掌握的现状资料、项目的目标和要求,在满足一定的科学性的前提下,考虑实际工作量和精度要求,结合交通模型的理论知识和数学科学等知识,设计适合项目的科学、实用的模型架构。为方便读者学习,本书提供的深圳福田中心区案例采用如图 3-1 所示的简单模型架构,仅用于初步学习使用。

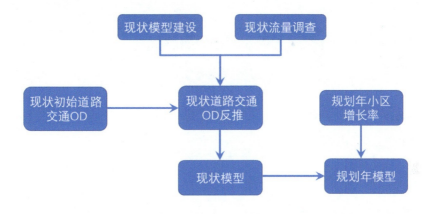

图 3-1 本案例模型架构

## 3.2 现状模型准备和校核

### 3.2.1 .ver 文件基础建设

**1. 基础网络**

打开提供素材的文件夹中"案例 3.2 节福田中心区 .ver"文件,检查路网、小区、PuT 线路和站点、小区连接线等是否已完备,其步骤为:点击"计算"–> 点击"检查路网"–> 勾选"检查的类型"选项 –> 点击"运行"检查路网 –> 点击出现错误或者警告的选项 –> 针对错误、遗漏的地方校核和修改完善(图 3-2)。

图 3-2　检查路网拓扑关系路径

**2. 交通量**

交通模型所需的交通量数据一般包含录入路段交通量、节点转向交通量，本案例基于简化原则，仅录入路段交通量。首先在 .ver 文件中增加路段的自定义变量，其步骤为：鼠标右键点击"路段"-> 点击"创建用户自定义属性"-> 填写"特征属性""编码"和"名称"（建议采用统一的英文标识，方便二次开发控制，如若希望显示的中文，可以在"名称"处填写中文）-> 选择"数据类型"（流量建议采用整型）-> 点击"确定"（图 3-3）。

图 3-3　增加路段用户自定义属性

接着增加路段流量，其步骤为：点击"路段"–>点击要填写流量的路段（一般靠近进口端点选，注意方向）–>填写路段流量（本案例是填写客车（sur_PV）和货车（sur_GV）的晚高峰流量）（图3-4）。

图3-4 增加路段流量

而道路流量可通过客车（sur_PV）和货车（sur_GV）的晚高峰流量相加得到，其步骤为：鼠标右键点击"路段"–>点击"列表"–>点击"路段"–>点击"flow"字段，该列显示蓝色后鼠标右键点击该列，点击"编辑"–>选择公式–>点击右侧按钮，增加公式（图3-5）。

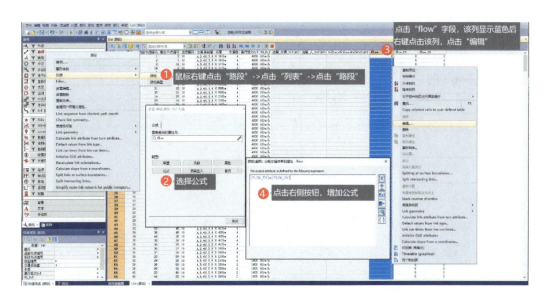

图3-5 计算总流量

## 3.2.2 现状 OD 矩阵校核

### 1. 初始现状 OD 矩阵

如已有当前区域的上层次模型，一般情况下，路网的制作与更新均在上一层次的模型中进行，然后通过 VISUM 的"局部路网生成器"功能对上层次模型裁剪得到本片区模型路网和现状初始 OD 矩阵。这样一方面可以优化上一层次的模型，另一方面可以减少裁剪后重复检查和更新路网的工作量。

本书案例仅介绍模型搭建过程，不需要在福田中心区中观模型中更新，因此，本案例仅从福田中心区中观模型中裁剪得到初始现状 OD 矩阵，模型路网是新建的，而非继承自上层次模型。

第一步：创建子模型裁剪区域的范围，其步骤为：点击"区域"—>点击"增加"—>在规划范围内点击—>填写"创建区域"信息（非必填）—>沿着规划范围往外约 50～100m 逆时针依次点击—>回到起点双击形成闭合的裁剪区域—>为生成规则的外部小区，需对裁剪区域边界所跨越模型路段作打断处理并设置不能掉头（图 3-6）。

图 3-6 局部路网生成（1）

第二步：激活点选"裁剪区域"，其步骤为：双击"路段"，确认已有交通分配结果（若没有，先运行交通分配，本案例为道路出行 OD 矩阵，需进行私人交通分配，可参考本书 3.3.3 节交通分配）—>点击"区域"—>点击"多选"—>点击"空间选择"—>在"区域"范围内鼠标左键点击（图 3-7）。按"区域"点选后，区域外围的路网、小区、节点等将为非激活状态（显示为虚线）。

图 3-7　局部路网生成（2）

第三步：正式"局部路网生成器"，其步骤为：再一次点击"空间选择"–>点击"计算"–>点击"局部路网生成器"–>选择文件路径和填写裁剪后的文件名 –>选择"剪切路线"–>点击需要裁剪的需求矩阵 –>勾选"需求模型应用于局部"–>勾选"外部小区生成编号"以及其"起始编号"–>点击"确定"（图 3-8）。

图 3-8　局部路网生成（3）

本书的案例为介绍新建路网的形式，而裁剪的模型涉及两者的对应关系（仅为 OD 编号的简单对应关系，读者可通过 Excel 的透视表等方式直接转换）。为方便读者，本书直接提供现状初始 OD 矩阵。

## 2. OD 校核与反推

本书案例根据已有的福田中心区中观交通模型，经过模型文件的子路网生成、交通小区合并生成现状初始 OD 矩阵，读者将提供的 OD 矩阵（图 3-9）直接拷贝到 A 分配矩阵（即初始矩阵）中即可。

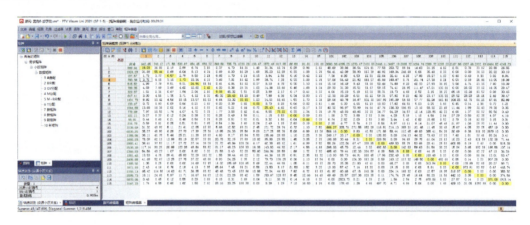

图 3-9　本书提供的初始 OD 矩阵

建议在 OD 矩阵反推前，先备份 A 分配矩阵，在结果不理想或者网络数据还需要修改的情况下，可以利用其重新进行 OD 矩阵反推。请读者利用本书已经制作好的 OD 矩阵反推的计算流程参数，具体步骤为：点击"打开文件"–> 点击"计算流程参数"–> 选择"OD 反推程序 .xml"文件 –> 点击"打开"（图 3-10）。下面将逐一介绍其功能。

图 3-10　在 VISUM 中打开计算流程参数的步骤

打开后,在"计算流程序列"中已有步骤,主要为初始矩阵交通分配、设置路段容许变化范围、需求矩阵校准、再一次交通分配、比较误差(误差不满足返回需求矩阵校准)、最后交通分配。本书提供的 OD 反推的计算流程参数如图 3-11 所示。

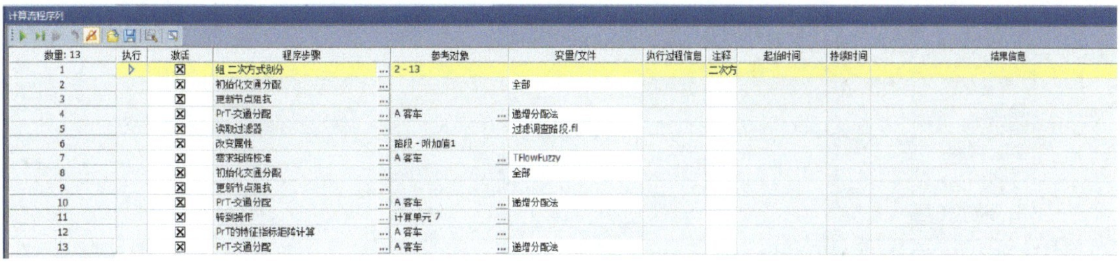

图 3-11　本书提供的 OD 矩阵反推的计算流程参数

读取数据后需要检查读取过滤器文件的路径是否正确、属性值是否设置正确,然后再运行程序。如果收敛的话,运行完程序,可以通过如下步骤检查反推结果与调查的校核精度:点击"计算"–>点击"分配分析"–>点击"图表"。本书提供的 OD 矩阵反推的设置交通分配分析如图 3-12 所示。

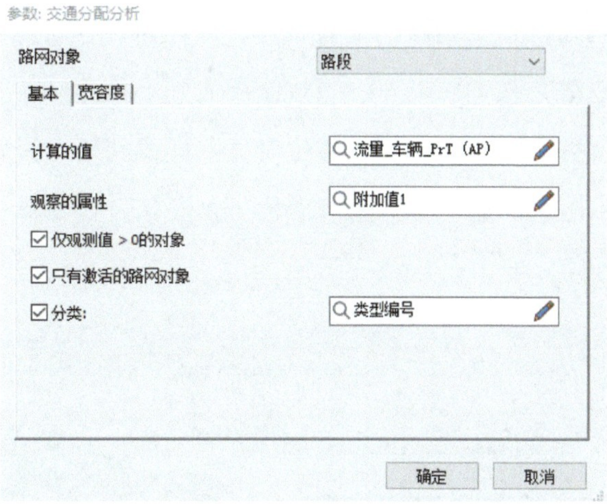

图 3-12　本书提供的 OD 矩阵反推的设置交通分配分析

如果校核精度满足要求,可认为本现状 OD 矩阵反推结果较为合理,可进行第 4 小节的现状评估,同时为基年模型提供现状 OD 矩阵。从图 3-13 中可以看出拟合度为 0.94,基本满足精度要求。

图 3-13　OD 矩阵反推结果拟合

### 3.2.3　现状评估

满足精度的现状 OD 矩阵，可作为相应的现状评估图和结果表的基础。

#### 1. OD 分布

进行 OD 分布的步骤如下：右键点击"小区"-> 点击"编辑图形参数"-> 点击"期望线小区"。在层控制处设置绘制层的期望线等，请注意，在"选择 OD 关系对"中可以设置显示多少关系（意思是按 OD 矩阵中的数值从大到小排序，只显示前多少个 OD 值）（图 3-14）。建议读者按个人习惯和所在单位对显示样式的要求设置好图形显示样例，然后点击"文件"->"Save File as"->"图形参数"，保存 .gpa 文件，下次使用时即可直接打开 OD 矩阵的图形参数。

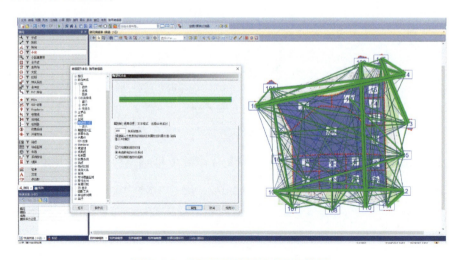

图 3-14　OD 矩阵设置的步骤和结果

## 2. 路段流量及饱和度

右键点击路网窗口的"路段"-> 编辑"图形参数"->"宽度条"。选择"绘制层路段"，绘制"宽度条 P"等，然后选择宽度条下的"显示"，点击"宽度条大小属性 ID"->"流量_车辆_PrT（AP）"，设置宽度条大小，设置宽度条范围的最小值和最大值等（图 3-15）。

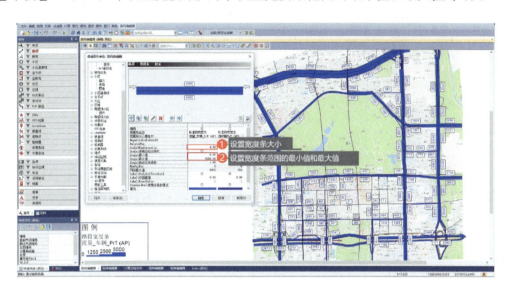

图 3-15　路段流量设置的步骤和结果

在国内实践中，有人采用现状流量/通行能力的计算值作为路段饱和度，可在 VISUM 中的宽度条中，通过 VISUM 软件自带的路段属性"饱和度 Prt（AP）"来显示路段饱和度（图 3-16）。

图 3-16　路段饱和度设置的步骤和结果

此外，在实际应用中，路段饱和度也可以采用流量和饱和度合并设置。通过依次点击"宽度条大小属性ID"和"流量_车辆_PrT（AP）"，设置宽度条大小（图3-17），然后用鼠标右键点击宽度条，选择"填充风格"，按照"饱和度Prt（AP）"饱和度值分类显示饱和度。

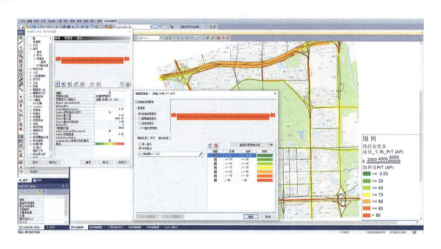

图 3-17　路段流量及饱和度设置的步骤和结果

## 3. 节点转向流量

完成分配后的交叉口一般自动保存转向流量，可以在一张图中表达多个交叉口的转向流量：点击"图形"–>点击"转向流量"–>设置转向流量的"标准半径"–>点击激活想表达流量的交叉口–>生成交叉口转向流量图。点击"关闭所有"可关闭所有已表达的交叉口（图3-18）。

图 3-18　表达多个交叉口转向流量的步骤和结果

对于单个重要的交叉口，可以单独显示转向流量图，点击网络中的"转向"，选择具体的交叉口，然后点击视图中的"转向流量"（图3-19）。

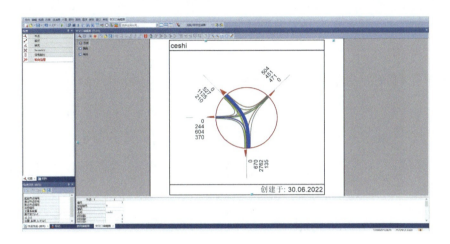

图3-19　表达单个交叉口转向流量的步骤和结果

### 4. 节点饱和度

在节点通行能力（Intersection Capacity Analysis, ICA）分配算法中可以得到节点饱和度，但是VISUM的试用版中并未提供这功能。该功能的网络准备在PTV中国的公众号中有介绍❶，分配时运行ICA分配，即可根据节点的服务水平或者延误时间直接出图或者生成节点详细评价情况的报表。

## 3.3　规划模型和评估

一般情况，在项目开展的初期，应确定规划年限，并建立规划的基础模型，以评估不同规划方案的交通系统。以对本案例进行现状模型5年后的规划评价为例，由于比较成熟的片区短时间内交通需求变化趋势相对比较稳定，过境OD矩阵可采用现状增长率法或者从上一层次的宏观模型裁剪，片区内部交通小区可采用交通发生量和吸引量直接预测（若没有发生、吸引系数，或者没有开发量等数据，可采用增长率法）。

---

❶ 作者为肖京晶，发布于2022年3月4日，网址为：https://mp.weixin.qq.com/s/o8UGnUqyKJoo319rIpxNNA。

### 3.3.1 交通生成

本书仅考虑简单的增长率法（提供假定的发生的增长率和吸引的增长率），读者在实际使用的过程中，若有规划的发生率和吸引率数据，可直接乘以不同类型的土地利用系数得到发生量或者吸引量。

创建自定义属性：发生增长率 P_rate、吸引增长率 A_rate，这两个属性为实型变量，建议保留 3 位小数；将现状矩阵的行之和作为规划发生量 P，将现状矩阵的列之和作为规划吸引量 A，两者建议采用整型变量或者实型变量；小区创建其属于内部或外部小区的属性（"特性属性 ID""编码"和"名称"笔者习惯均采用 ex，即 external 的前两个字符，为布尔型变量，其中☒为外部小区，可用空格键设置），具体步骤为：右键点击"小区"->点击"创建用户自定义属性"->填写"特性属性 ID""编码"和"名称"->点击"确定"（图 3-20）。

图 3-20　用户自定义发生量和吸引量等属性的步骤

在列表中显示和编辑属性的步骤为：点击"选择属性"-> 双击需要显示的属性，或单击要显示的属性并点击"右移箭头"以增加属性（如本案例创建的自定义属性小区发生增长率 P_rate、吸引增长率 A_rate、发生量 P、吸引量 A 和内外部小区属性 ex，还需要显示系统自带的属性值，包括现状 OD 矩阵的发生量"矩阵行之和"和吸引量"矩阵列之和"）-> 点击"确定"（图 3-21）。

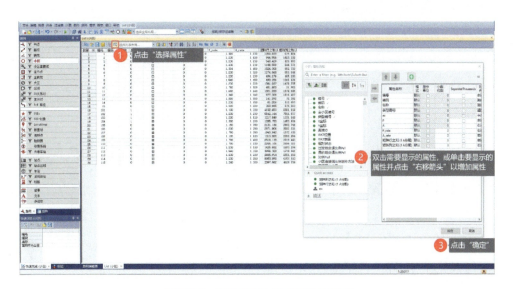

图 3-21 显示交通小区属性的步骤

显示属性后，将编号大于 100 的交通小区设置为外部小区，为后面利用增长率模型得到规划年 OD 矩阵作准备，然后按如下步骤分别计算规划年发生量 P 和吸引量 A：鼠标右键点击 P 列 –> 选择"编辑"–> 点击"公式"选择采用的公式 –> 点击"变量"选择变量和点击"插入操作符"选择符号 –> 点击"确定"（图 3-22）。同理可以计算规划年吸引量 A。通过现状年矩阵行之和乘以发生增长率得到规划年发生量，现状年矩阵列之和乘以吸引增长率得到规划年吸引量。VISUM 中并未提供特别的 PA 平衡，读者可在 Excel 通过公式计算，或者不设置 PA 平衡，直接在 VISUM 后续的交通分布扩算中应用发生量或吸引量或两者的平均值。

图 3-22 计算规划年发生量和吸引量的步骤

由于本案例仅用于介绍软件的部分基本操作，并未把交通小区的矩阵按外到外、外到内和内到内细化，因此，在 ex 列中全部设置为"☐"（ex 列属于布尔型，☐表示否，为内部小区；☒表示是，为外部小区，非内部小区）。

### 3.3.2 交通分布

本案例中交通分布采用扩算的增长率模型，具体步骤如下：选择需要扩算的矩阵 –> 点击"矩阵扩算" –> 设置"基于增长率或者目标值"进行扩算（本案例选用目标值）–> 选择"单约束"或"双约束"方法 [本案例采用双约束（多次迭代）] –> 选择基于"出行生成总量""出行吸引总量"或"双方总量平均值"（一般采用出行生成总量）–> 填写"迭代次数"和"收敛参数"（一般采用默认值）–> 选择"发生量""吸引量""外部小区"等属性表 –> 点击"确定"（图 3-23）。

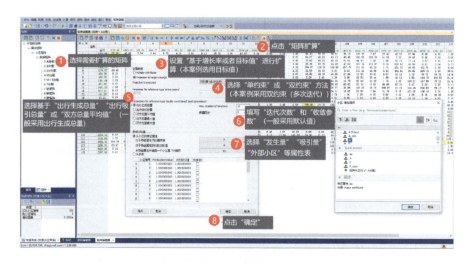

图 3-23　按增长率模型得到规划年交通分布的步骤

### 3.3.3 交通分配

有了规划年 OD 矩阵，则可直接在程序（Procedure）中设置私人交通分配（PrT Assignment）选择分配方法，包括递增分配法、用户平衡分配法和基于仿真的动态交通分配方法（Simulation Based Dynamic Assignment，在 VISUM 中简称 SBA）等，并设置参数，即可得到交通分配结果，步骤为：点击激活"初始化交通分配"和"Prt- 交通分配" –> 点击"变量 / 文件"选择分配方法（本案例采用"递增分配法"）–> 填写分配次数和比例（和为整数 100 表示 100%）（图 3-24）。

图 3-24　按增长率模型得到规划年交通分布的步骤

## 3.3.4　交通评估

因为前面已经有了现状的 .gpa 设置样式，将样式文件拖进来即可得到与现状评价同样图例下的规划评估结果。除此以外，还可以通过依次点击"图形"和"蛛网图"（注意：英文界面中该选项为"Flow Bundle"），显示所选路段、交通小区或者节点的流量来源及去向分析情况。

# 第 4 章

# Python 对 VISUM 二次开发

本章主要包括3部分内容：Python 的基础知识，如何用 Python 控制 VISUM 的网络对象，如何用 Python 控制需求及流程。笔者推荐一款功能强大的 Python 编辑器——PyCharm，它与 Linux、macOS 和 Windows 平台兼容，调试方便。有需要的读者可以在 PyCharm 的官网（https：//www.jetbrains.com/pycharm/）直接下载 PyCharm 的社区版安装包。

# 4.1　Python 的基础知识

Python 的基本入门知识包含变量和简单数据类型，条件分支和循环，列表、元组和字典，函数和类，文件处理，异常处理等6组基本知识点，帮助读者尽早适应 Python 的语法和掌握利用 Python 控制 VISUM 的二次开发方法。本节没有介绍其他高级模块，感兴趣的读者可自行查找相关资料。

## 4.1.1　变量和简单数据类型

**1. 变量**

定义1：变量（Variable），指在计算机编程中与关联的标识符配对的内存存储位置，在使用时含相关类型的值，其值可以修改。Python 是区分大小写的，这点请务必注意。

```
>>>b=0 # 将数值"0"赋值给变量 b，注意变量名必须以字母作为开头
>>>c="Lina" # 将字符串"Lina"赋值给变量"c"
>>>d=True # 将布尔类型"True"赋值给变量"d"
>>>print(b,c,d) # 显示变量"b""c""d"的值
0 Lina True
```

注意：">>>"为 Python 命令行下自带的，用户需要在后面输入语句；在 Python 中"#"后为注释，不影响主体语句运行。

Python 语言的基本变量类型包括字符串（String）、数字（Numeric）、列表（List）、元组（Tuple）、字典（Dictionary）5类。

## 2. 字符串

定义 2：字符串（String），由任意字节的字符组成，用单引号（'）、双引号（"）或三引号（"""）成对表示。在 Python 中使用 3 种形式是没有区别的，都可以用来表示一个字符串。但是有时候在日常程序中，为了对特殊字符串（例如"Let's fly"等）的处理采用不一样的引号形式组合，既避免出错，还可以减少对转义字符（例如 'Let\'s fly' 中 "\" 为转义字符，在该字符串中表示后面的"'"按照其原符号表达）的使用，使程序看起来更清晰。

\>>>name1="ZhangSan" # 将字符串"ZhangSan"赋值给变量 name1

\>>>name2='Lisi' # 将字符串"Lisi"赋值给变量 name2

字符串基本操作包括读取、合并、修改、获取长度等。

1）字符串值读取

字符串中的每个字符对应一个下标，存储方式类似数组。字符串的下标从字符串从左往右数，第一个是"0"，然后是"1""2""3"……

\>>>var1='Hello World!' # 该处用单引号做示范，用双引号输出结果也是一致的

\>>>var1[4] # 单下标读取，读取字符串中下标为"4"的字符

'o'

\>>>var1[6:8] # 切片操作，读取字符串中下标为"6"~"7"的字符

'Wo'

\>>>var1[:3] # 读取字符串中下标为"0"~"2"的字符

'Hel'

\>>>var1[3:] # 读取字符串中下标大于等于"3"的字符

'lo World!'

\>>>var1[-1] # 从右往左，读取字符串中右边的第一个字符

'!'

注意：使用下标时，如超出字符串范围读取值，解释器将报错。

2）字符串合并

\>>>name1"ZhangSan"# 将字符串"ZhangSan"赋值给变量"name1"

\>>>name2="LiSi"# 将字符串"LiSi"赋值给变量"name2"

\>>>name=name1+name2 # 字符串合并，将"ZhangSanLiSi"赋值给变量"name2"

\>>>print(name) # 采用 print() 函数打印"name"结果，程序输出不带单引号

ZhangSanLiSi

3）字符串值修改

\>\>\>name.replace('S','T') # 用字符"S"替换字符"T"

'ZhangTanLiTi'

4）获取字符串长度

\>\>\>len('ZhangSan') # 获取字符串"ZhangSan"的长度

8

## 3. 运算符和数字

### 1）运算符

Python 主要的算术运算符见表 4-1。

表 4-1  Python 主要的算术运算符

| 运 算 符 | 含 义 |
| --- | --- |
| + | 加 |
| - | 减 |
| * | 乘 |
| / | 除 |
| % | 取模，返回除法的余数 |
| ** | 幂，返回 $x$ 的 $y$ 次幂 |
| // | 取整除，返回商的整数部分 |

### 2）数字

Python 语言中的数字（Digital，与 Numeric 相比还包括复数等）与数学里的数字是一致的，一般分为整数（Interger）、浮点数（Float）、复数（Complex）和布尔值（Boolean）。Python 中不需要提前定义变量，在赋值时，所赋的值是哪种类型，变量即为同样的类型。

定义 3：整数（Interger）又称整型，由正整数、0 和负整数构成，不包含小数和分数。在 Python 语言里，整数的长度不受限制，仅受可用（虚拟）内存的限制。

\>\>\>num1=25 # 将整数 25 赋值给变量"num1"

\>\>\>print(type(num1)) # 显示变量"num1"的类型

```
<class'int'>
>>>num2=7  #将整数 7 赋值给变量"num2"
>>>num1%num2  #取模运算,计算 25 除以 7 的余数
4
>>>num1//num2  #计算 25 除以 7 的商的整数部分
3
>>>num1**num2  #计算 25 的 7 次方
6103515625
```

定义 4：浮点数（Float），即为数学中的实数（Real）。在 Python 语言中，浮点数是带小数点的数字。

```
>>>10.00/7  #计算 10/7 的值,10.00 是浮点数
1.4285714285714286
>>>3+4.5*3+0.03
16.53
>>>9.0/3  #虽然结果整除,但有效小数位数与 9.0 一致,结果为 3.0
3.0
```

定义 5：布尔（Boolean）又称逻辑，只有真（True）和假（False）两种值，用于逻辑判断。该数据是特殊的整数类，"True"可以用"1"替代，代表"真"；"False"可以用"0"替换，代表"假"。

```
>>>a=True
>>>a
True
>>>not a
False
```

### 4. 数据类型转换

由于从模型文件读取数据时，经常遇到不同的数据类型，因此，在进行计算和比较时，经常需要用到数据类型转换的函数。

（1）int(x)：将其他类型数据转换为整数的函数，其中 x 为数字或字符串型的整数。

```
>>>int(4.3434)  #将浮点数"4.3434"转换为整数
```

4

\>\>\>int('-4')  # 将字符转换为整数

-4

\>\>\>int('-4.3434')  # 字符为浮点数，不能直接转为整数，程序报错

ValueError: invalid literal for int() with base 10: '-4.3434'

（2）float(x)：将其他类型数据转换为浮点数的函数，其中"x"为数字或字符串型的数字。

\>\>\>float('-4.3434')  # 将字符转换为浮点数

-4.3434

（3）str(x)：将其他类型数据转换为字符串的函数，其中"x"为数字或字符串型的数字。

\>\>\>str(3)

'3'

### 4.1.2 条件分支与循环

#### 1. 条件分支

"if"是Python最常用的条件判断语句，执行代码模块的分支，一般完整格式为：

if 判断语句 1：

　　子代码模块 1

elif 判断语句 2：

　　子代码模块 2

elif 判断语句 3：

　　子代码模块 3

else：

　　子代码模块 4

判断语句可以是布尔型变量，也可以是通过公式计算得到的布尔型的值，判断的内容为"True"时执行子代码模块。如果只有"if"也可单独执行，"elif"和"else"可缺省。

\>\>\>a=True

\>\>\>if a:

　　print('ok')

ok

\>\>\>a=5

```
>>>if a==1: #请注意,"if"与"elif""else"应对齐,冒号后下一行应增加缩进量并对齐
    print('1')
  elif a==2:
    print('2')
  elif a==3:
    print('3')
  elif a==4:
    print('4')
  else:
    print('不是1,2,3,4')
不是1,2,3,4
```

### 2. 循环

#### 1) for 循环语句

for 循环语句是 Python 中常用的循环控制语句,其格式如下。

for <variable> in <sequence>:

    子代码模块 1

else:

    子代码模块 2

在实际 Python 使用中,很多情况只执行上半段,即不使用"else"。

```
>>>for i in range(4): #range 为 0~3 的有序集合
    print(i)
0
1
2
3
>>>for i in range(0,8,2):print(i) #range 为 0~7 的有序集合,步长为 2。循环只有一句语句时可以写在一行
0
2
```

4

6

#### 2）while 循环语句

while 循环语句是 Python 中另一种常用的循环控制语句，其格式如下。

while boolean_value1:

  子代码模块 1

"boolean_value1"为"while"语句的循环判断条件。当其值为"True"时，继续执行"子代码模块 1"；当其值为"False"时，终止循环。"boolean_value1"可以为布尔型变量，也可以是运算表达式。

```
>>>i=0
>>>while i<5:
        i=i+2
        print(i)
```

2

4

6

循环嵌套是 Python 一般的操作，但是从"COM 二次开发"提高效率角度，应尽量减少循环嵌套，并尽量利用 Python 已有的高效模块，如"numpy""pandas"模块等。

```
>>>i=0;sum=0 # 两个独立语句可以写在一行，中间用";"间隔
>>>while i<5:# 此循环中，"i"的值从 0 开始每次循环增加 1，值达到 5 时结束循环，每次循环运行下面的子代码模块，"sum"的值增加 15，循环 5 次，结果为 75
        j=0
        while j<6:# 此循环中，"j"的值从 0 开始每次循环增加 1，值达到 6 时结束循环，循环中计算 0~5 的和，结果为 15
            sum=sum+j
            j=j+1
        i=i+1
    print(sum)
```

3）循环控制语句

在"while"和"for"循环过程中，为了更加灵活地控制循环次数，Python 提供了"break"和"continue"两种循环控制语句。

"break"提供跳出一次循环的机会，比如从一组数字中寻找一个相同的数字，找到就退出，不用在剩下的数字中继续寻找，这样可以提高程序效率。

```
>>>k=[4,5,32,2,523,54,32,1,2]
>>>j=32
>>>for i in k: # 寻找列表 k 中是否存在 32
    if i==j:
        print("ok",i)
        break
ok 32
```

"continue"是循环语句中的另外一种控制循环方向的语句，当满足指定条件时，"continue"使循环回到开始处，继续循环，而忽视"continue"语句后的代码。

```
>>>for i in range(6): # 只显示 0～5 中的奇数
    if i%2==0:
        continue
    print(i)
1
3
5
```

### 4.1.3 列表、元组和字典

#### 1. 列表

定义 6：列表（List）是可变的序列，也是一种可以处理各种数据类型的集合，用中括号"[ ]"表示列表的开始和结束，元素之间用逗号（","）分隔，列表中每个元素提供一个对应的下标。列表中数值可以随时更改，比较灵活。

```
>>>i=[] # 将"i"赋值为空的列表
>>>len(i) # 返回列表"i"的长度
0
```

```
>>>i=[3,4,5,3,4,5.34,6] # 由相同类型数据组成的列表
>>>i=['3',4,5.3,3,'cd',5.34,6] # 由不同类型数据组成的列表
>>>i[4] # 列表中从左往右第一个元素的下标为0,然后依次为1、2、3……
'cd'
```

1）列表元素增加

"append()"是在列表已经存在的情况下，在列表的尾部新增元素。列表自带"insert()"语句可以在任意指定位置增加元素。

```
>>>i=['3',4,5.3,3,'cd',5.34,6]
>>>i.append('last')
>>>i
['3',4,5.3,3,'cd',5.34,6,'last']
>>>i.insert(0,'begin') # 在"i"的列表第一个位置插入新元素
>>>i
['begin','3',4,5.3,3,'cd',5.34,6,'last']
>>>i.insert(2,'second') # 在"i"的列表下标为2的位置（即第3个位置）插入新元素
>>>i
['begin','3','second',4,5.3,3,'cd',5.34,6,'last']
```

2）列表元素查找

列表可以通过"index()"方法，"in"成员运算、下标、切片查找相应的元素信息。"index()"方法使用格式为"L.index(value,[start,[stop]])"，其中，"L"代表列表对象，"value"代表需要在列表"L"查找的元素，"start"代表在列表里开始查找的下标数，"stop"代表查找结束的下标数，带中括号代表"start""stop"参数可选。若查到元素，则返回第一个找到的元素（在相同元素存在多个的情况下）；若没有找到则返回以"ValueError"开头的错误信息。若只想知道指定元素是否在列表里，则可以用in成员运算符做简单判断，从而不需要用循环语句查找。

```
>>>i.index(3) # 查找数字3在列表"i"中的下标数
5
>>> i.index('3',0,5) # 在列表"i"中下标数为0～4的位置查找字符串"3"
1
```

\>>>'second' in i # 查找字符串 "'second'" 是否在列表 "i" 中

True

### 2. 元组

定义 7：元组（Tuple）是不可变的序列，也是一种可以存储各种数据类型的集合，用小括号"()"表示元组的开始和结束，元素之间用逗号","分隔。

元组类似列表，与列表的主要区别有以下两点：元组不能对其元素进行变动，而列表允许；元组用小括号表示，而列表用中括号表示。

元组适合读取模型中的值进行存储，但不允许在运算的过程中随便更改。

1）元组基本操作

\>>>i=() # 赋值 "i" 为空的元组

\>>>len(i) # 返回元组 "i" 的长度

0

\>>>i=(3,4,5,3,4,5.34,6) # 相同类型数据组成的元组

\>>>i=('3',4,5.3,3,'cd',5.34,6) # 不同类型数据组成的元组

\>>>i[4] # 元组中从左往右第一个元素的下标为 0，然后依次为 1、2、3……

'cd'

\>>>i[4]='ab' # 元组不允许随意更改值

TypeError: 'tuple' object does not support item assignment

2）列表与元组互换

\>>>name_list=['Zhang','Li','Wang'] # 定义列表变量 "name_list"

\>>>name_tuple=tuple(name_list) # 列表转为元组

\>>>name_tuple

('Zhang','Li','Wang')

\>>>name_list_last=list(name_tuple) # 将元组转为列表

\>>>name_list_last

['Zhang','Li','Wang']

### 3. 字典

Python 的字典数据类型在操作灵活性、使用复杂性方面接近于列表。字典通过关键词搜索往往比利用循环语句搜索的效率更高。

定义8：字典（Dist），是可变的无序集合，同时是一种以键值对为基本元素的，可以存储各种数据类型的集合，用大括号"{}"表示表示字典的开始和结束，元素之间用逗号（","）分隔。键值对由键（Key）和值（Value）组成，中间用冒号（":"）分隔。从键值对可以看出，字典属于典型的一对一映射关系的数据类型。

1）字典基本操作

\>>>i={} # 将"i"赋值为空的字典

\>>>len(i) # 返回字典"i"的长度

0

\>>>i={1:'Zhang',2:'Li ',3:'Wang'} # 给字典"i"赋值，包含3个键值对

\>>>i[1] # 查找字典"i"中键为1的值

'Zhang'

\>>>i[4]='Wu' # 字典里增加键为4,值为"'Wu'"的元素

\>>>i

{1: 'Zhang', 2: 'Li ', 3: 'Wang', 4: 'Wu'}

2）字典的遍历

可以利用"items()"方法遍历字典中所有键值对。

\>>>for k in i.items():print(k) # 接前文的"i"定义，循环获取键值对

(1,'Zhang')

(2,'Li ')

(3,'Wang')

(4,'Wu')

可以利用字典变量循环和"keys()"方法遍历所有键。

\>>>for k in i:print(k) # 接前文的"i"定义，循环获取字典的键

1

2

3

4

\>>>for k in i.keys():print(k) # 这个语句与上一个语句的运行结果一样

可以通过键遍历值和利用"values()"方法获取字典值。

\>\>\>for k in i:print(i[k])

Zhang

Li

Wang

Wu

\>\>\>for k in i.values():print(k) # 这个语句与上一个语句的运行结果一样

### 4.1.4 函数和类

#### 1. 函数

函数是 VISUM 二次开发必备的 Python 的基础知识，是控制交通模型的基本手段。

定义 9：函数（Function）是指通过专门的代码组织，用来实现特定功能的代码段，具有相对独立性，可供其他代码重复调用。

def 函数名 ([ 参数 ]): # 参数可缺省，或可带初始值

　函数体

[return 返回值 ]

1）不带参数的传递

函数可以在同一个 .py 文件里，或者在另外一个单独的 .py 文件里（通过"import"的命令导入）。

**案例 4.1：show.py，显示函数**。

def show(): # 不带参数的求和函数

　print("this is def")

show()

运行"show.py"代码的步骤为：点击"运行 / 调试配置"按钮 –> 选择"运行代码文件"–> 点击"OK"–> 点击"运行"按钮 –> 查看结果（图 4-1）。

图 4-1　运行 PyCharm 程序

2）带参数的传递

在程序设计中，函数经常用来实现某个特定的功能，从而可以细化复杂的编程功能。对函数来说，传递参数很重要。

**案例 4.2：sum.py，求和函数。**

def sum(a,b):＃该函数传递 a、b 两个参数，并求和

　　c=a+b

　　print(c)

x1=6

x2=7

sum(x1,x2)

13

**案例 4.3：sum_fanhui.py 求和函数，求和并返回值。**

def sum_fanhui(a,b):＃该函数传递 a,b 两个参数，求和并返回值

　　c=a+b

　　return c

d=sum_fanhui(6,7)＃该语句及以下为该 .py 文件下的主程序内容

print(d)

13

3）把函数放到模块中

自定义函数建立后，如果需要被其他代码文件调用。则可以把函数代码文件放到一个文件夹内或者其他可以共享的地方。在 Python 语言中，它就是通过建立独立的函数模块（Module）文件（以 .py 为扩展名的文件），共享给其他代码文件使用。

导入格式 1：import 函数模块名。

导入格式 2：from 模块名 import 函数名 1。

导入格式 3：from 模块名 import *（"*"表示导入模块文件里的所有函数）。

把案例 4.2 的例子放在与 sum_fanhui.py 相同的文件夹中，案例 4.3 作为一个 .py 文件引用案例 4.2 的函数。

**案例 4.4：mokuai.py，导入自定义函数。**

```
from sum_fanhui import sum_fanhui
e=sum_fanhui(4,8)
print(" 最新的模块计算 ",e)
```

13

最新的模块计算 12

运行"mokuai.py"后，文件先导入案例 4.2 文件模块，模块内先计算了 d 并显示其结果为 13，然后再计算了 e 并显示其结果为 12。

**2. 类**

面向对象（Object Oriented）是一种对现实世界理解和抽象的方法。将现实世界的事物进行抽象，就出现一种新的可以高效利用的数据类型——类。

定义 10：类（Class），指把具有相同特性（数据）和行为（函数）的对象抽象为类。

**案例 4.5：class_example.py，类定义。**

```
class road(): # 道路的类型，长度和宽度的类
    def __init__(self,type,length,width): # 初始化，传递参数
        self.type=type
        self.length=length
        self.width=width
    def area(self): # 计算面积
        return self.length*self.width
```

以上为类的定义，下面的语句为主程序调用类。

my_road=road(" 主干路 ",10,5)    # 一个道路的类的初始化，并传递参数

print(" 这条 ",my_road.type," 的面积是 ",my_road.area())

这条 主干路 的面积是 50

### 4.1.5 文件处理

在交通模型的处理中，经常需要读取交通参数、流量、轨道交通站点上下客等信息，采用文本文件、Excel 文件或者数据库文件等作为储存、编辑各类数据的中间介质文件，可以有效地持续更新模型和提高模型的使用效率。此处只简单介绍利用 Python 处理文本和 Excel 文件的方法，读者若有其他格式文件需要处理或者有更复杂的处理要求，可自行查找相关资料。

**1. 文本文件**

1）新建文本文件并写入

打开文件一般采用"open"函数，它是系统内置函数，支持对字符串或二进制文件的打开操作，返回可操作的文件对象，其常用的格式如下。

open(file,mode='w')

"mode"参数为"w"表示以可写方式打开文件，为"r"表示以只读方式打开已经存在的文件。若指定的文件不存在，则建立新文件。其他参数可自行查找相关资料。

**案例 4.6：create.py，自动创建文本文件。**

new_file= 'd:\\new.txt' #Python 路径一般用双反斜杠，定义 new_file 路径和文件名

a_new_file=open(new_file,'w') # 打开文件，创建对象

a_new_file.write('You will do well in Visum and Python\n') #"\n" 为换行符，写入字符

a_new_file.write('today 1\n') #"\n" 为换行符，写入字符

a_new_file.write('tomornow 2')

a_new_file.close() # 关闭文件流

print(" 成功创建新的 new.txt 文件 ")

成功创建新的 new.txt 文件

2）读取文本文件

读取文本文件采用"read()"函数。案例 4.7 是在运行案例 4.6 的程序创建了文本文件后，

进行读取文件的测试并显示结果。

**案例 4.7：read_txtfile.py，一次读取文本文件。**

new_file= 'd:\\new.txt' #Python 路径一般用双反斜杠，定义 new_file 路径和文件名

a_new_file=open(new_file,'r') # 打开文件，创建对象

zifu=a_new_file.read() # 一次读取文件所有内容

print(zifu)

a_new_file.close() # 关闭文件流

print(" 成功读取 new.txt 文件 ")

You will do well in Visum and Python

today 1

tomornow 2

成功读取 new.txt 文件

"readline()" 函数可读取文件的一行。案例 4.8 是在运行案例 4.6 的程序创建了文本文件后，进行读取文件的测试并显示结果。

**案例 4.8：read_txtfile_line.py，一次读取文本文件的一行。**

new_file= 'd:\\new.txt' #Python 路径一般用双反斜杠，定义 new_file 路径和文件名

a_new_file=open(new_file,'r') # 打开文件，创建对象

line=1

while line:

   line= a_new_file.readline()

   line = line.strip('\n') # 如果一行中有换行符，去除换行符

   print(line)

a_new_file.close() # 关闭文件流

You will do well in Visum and Python

today 1

tomornow 2

### 2. Excel 文件

Python 操作 Excel 常用的库包有"xlrd"（主要做读取操作）、"xlwt"（主要做写入的操作）等。

使用之前需要先安装模块。需要连通网络，否则，需要离线下载包进行安装。

第一种方法：在 PyCharm 点击"Terminal"（如图 4-2 左下角①处所示）分别执行"pip3 install xlrd"和"pip3 install xlwt"语句（注意：在程序中不用输入双引号）。

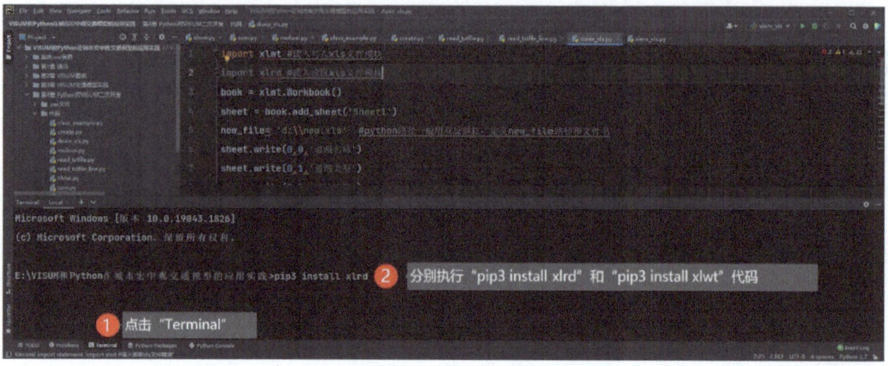

图 4-2　在 Pycharm 的"Terminal"界面安装"xlrd"模块

第二种方法：使用 PyCharm 的项目解释器安装这两个模块。步骤为：在 Pycharm 中点击"File"-> 点击"Settings"-> 点击"Project"-> 点击"Project Interpreter"-> 点击右侧界面的"+"号 -> 分别搜索"xlrd"和"xlwt"-> 点击"Install Package"进行安装。

第三种方法：通过 Windows 的"命令提示符"对话框安装。步骤为：在 Windows 界面左下角的搜索栏中输入"命令提示符"或"cmd"后按回车键激活对话框 -> 执行语句"cd E：\VISUM 和 Python 在城市宏中观交通模型的应用实践"或"cd C：\Program Files\Python37\Lib\site-packages"（注意：此为笔者电脑中的路径，请根据实际情况修改），将当前路径切换至项目路径或 Python 的安装路径（模块安装在项目路径，对该项目适用而其他项目不适用；安装在 Python 的安装路径下，该电脑中的项目均适用）-> 分别执行"pip3 install xlrd"和"pip3 install xlwt"语句（注意：在程序中不用输入双引号）。

对于 Excel 软件来说，整个 Excel 文件称为"工作簿"，工作簿中的每个页称为"工作表"，工作表又由"单元格"组成。

对于"xlrd"和"xlwt"模块，行数和列数从 0 开始，单元格的行和列也从 0 开始，例如 sheet.row_values(2) 表示第 3 行的内容，sheet.cell(1，2).value 表示第 2 行第 3 列单元格的内容。

使用"xlwt"模块之前需要程序先执行"import xlwt"的代码。需要注意的是，"xlwt"模块只能写入 .xls 文件，不能写入 .xlsx 文件（写入 .xlsx 文件时，程序不会报错，但最后文件无法直接打开）。

创建工作簿：book=xlwt.Workbook()。如果写入中文为乱码，可添加参数"encoding='utf-8'"。

创建工作表：sheet=book.add_sheet（'Sheet1'）。

向单元格写入内容：sheet.write(m,n,'内容1')、sheet.write(x,y,'内容2')。

保存工作簿：book.save（'Excel文件名称'）。默认保存在与.py文件相同的路径下。如果该路径下有同名文件，它将会被新创建的文件覆盖。"xlwt"模块不能修改文件。另外，如果在原有文件已打开情况下创建新的同名文件覆盖原有文件，会导致程序报错。

**案例 4.9**：xieru_xls.py，写入 .xls 文件。

```
import xlwt # 读入写入 .xls 文件模块
book = xlwt.Workbook()
sheet = book.add_sheet('Sheet1')
new_file= 'd:\\new.xls'  # 在 Python 中，路径一般用双反斜杠，定义 new_file 路径和文件名
sheet.write(0,0,'道路名称')
sheet.write(0,1,'道路类型')
sheet.write(0,2,'初始速度')
sheet.write(1,0,'深南大道')
sheet.write(1,1,'主干路')
sheet.write(1,2,70)
sheet.write(2,0,'海滨大道')
sheet.write(2,1,'快速路')
sheet.write(2,2,80)
book.save(new_file)
```

使用"xlrd"模块之前需要先用"import xlrd"语句导入。

"xlrd"模块既可读取 .xls 文件，也可读取 .xlsx 文件。

获取工作簿对象：book=xlrd.open_workbook('Excel文件名称')。

获取所有工作表名称：names=book.sheet_names()，结果为列表。

根据索引获取工作表对象：sheet=book.sheet_by_index(i)。

根据名称获取工作表对象：sheet=book.sheet_by_name('工作表名称')。

获取工作表行数：rows=sheet.nrows。

获取工作表列数：cols=sheet.ncols。

获取工作表某一行的内容：row=sheet.row_values(i)，结果为列表 [sheet.row(i)，列表 ]。

获取工作表某一列的内容：col=sheet.col_values(i)，结果为列表 [sheet.col(i),列表 ]。

获取工作表某一单元格的内容：cell=sheet.cell_value(m,n)、sheet.cell(m,n).value、sheet.row(m)[n].value,sheet.col(n)[m].value,结果为字符串或数值[sheet.cell(0,0)，xlrd.sheet.Cell 对象]。

**案例 4.10：duru_xls.py，利用"xlwd"模块读写 .xls 文件。**

```
import xlrd # 载入读取 .xls 文件模块，在运行案例 4.9 的基础上运行该代码
book = xlrd.open_workbook('d:\\new.xls')
sheet = book.sheet_by_index(0) # 第一个工作表
rows = sheet.nrows # 获取第一个工作表的行数
cols = sheet.ncols # 获取第一个工作表的列数
```

以下为循环读取 Excel 工作表内容的语句。

```
for i in range(rows):#range(start,stop,step) 为 Python 内置函数，返回可迭代对象，其中输入参数 start 为开始数、stop 为终止数、step 为步长，如输入开始数为 0,步长为 1 时可缩写为 range(stop), 本案例中 rows 为终止数行数
    for j in range(cols):
        print(sheet.cell_value(i,j))
道路名称
道路类型
初始速度
深南大道
主干路
70.0
海滨大道
快速路
80.0
```

### 4.1.6 异常处理

程序错误是经常出现的，一些低级错误（如误用中文字符、代码首行不对齐等）在 PyCharm 编辑器里都有提示。针对隐藏的、难以发现的错误，Python 语言也和其他编程语

言一样，提供了一套完整的异常捕捉处理机制。

### 1. 基本异常捕捉

基本异常捕捉语句格式如下。

try:

  代码模块 1

except:

  代码模块 2

其中，"try"是关键词，代表异常捕捉语句的开始。如果代码模块 1 不出错，则不会执行代码模块 2 的语句；如果代码模块 1 中有出错，则执行代码模块 2 的语句。该异常处理使得程序不会因为错误而导致中止。

### 2. 带"finally"子句的异常处理

在程序运行过程中存在一种特殊需求：在程序运行过程中无论是否报错，最后都需要执行一些代码。如打开文件成功后但读取字符出错，需要把已经打开的文件关闭，"finally"子句提供了这样的支持功能。带"finally"子句的异常处理语句的基本格式如下。

try:

  代码模块 1

except:

  代码模块 2

finally:

  代码模块 3

## 4.2 Python 控制网络对象

### 4.2.1 Python 与 VISUM 的接口

#### 1. COM 接口简介

COM 是由 Microsoft 提出的组件标准，它不仅定义了组件程序之间进行交互的标准，并且也提供了组件程序运行所需要的环境。在 COM 标准中，一个组件程序也被称为一个模块，它可以是一个动态链接库（Dynamic Link Library，简称 DLL），被称作进程内组件（In-process Componet）；也可以是一个可执行程序（即 .exe 程序），被称作进程外组件（Out-of-process Componet）。一个组件程序可以包含一个或多个组件对象，因为 COM 是以对象为基本单元的模型，所以在程序与程序之间进行通信时，通信的双方应该是组件文件，也叫作 COM 对象，而组件程序（或称作 COM 程序）是提供 COM 对象的代码载体。

VISUM 软件中其实已包含制作好的 COM 代码，这一特性使得 C++、JAVA 和 Python 等不同的编程语言开发的组件对象都可以与其进行交互。近年来 Python 普及度的提高和模块的增多，使得 Python 操作更加方便，因此，本书主要以 Python 作为接口程序介绍，同时 VISUM 软件提供了详细的 COM 接口和说明，读者可以在软件界面中点击"帮助"–>点击"COM 帮助"找到英文版的说明，或者在 VISUM 的安装路径下找到帮助文档并参阅（例如，在笔者电脑中的路径为"C:\Program Files\PTV Vision\PTV Visum 2021(Student)\Doc\Eng\Introduction to the PTV Visum COM-API.pdf"）。

### 2. VISUM 内嵌 PyCrust

PyCrust 是 VISUM 提供的实时调用、测试和运行 Python 代码的对话框。激活 PyCrust 的操作为：点击"脚本"–>点击"Python Console"（图 4-3）。

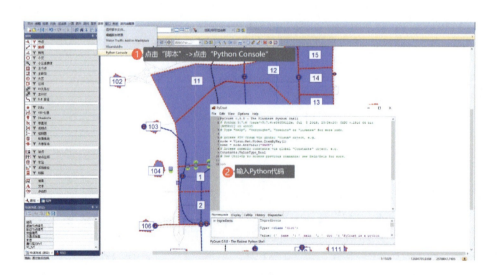

图 4-3　PyCrust 对话框

### 3. Python 调用 VISUM

Python 调用 VISUM 的 COM 接口主要采用"Win32com"模块。"Win32com"模块适应性很广，Word、Excel 等软件均可以通过这个模块控制。"win32com"是"pywin32"的

"组件对象模型"部分，而"pywin32"模块适用于python3，因此，仅需安装"pywin32"模块后就已包含"win32com"模块的功能。

"pywin32"模块安装方法与4.1.5节"xlrd"和"xlwt"模块安装方法一致：

第一种方法：在PyCharm点击"Terminal"，执行"pip3 install pywin32"语句（注意：在程序中不用输入双引号）。

第二种方法：使用PyCharm的项目解释器安装。步骤为：在Pycharm中点击"File"–>点击"Settings"–>点击"Project"–>点击"Project Interpreter"–>点击右侧界面的"+"号–>分别搜索"xlrd"和"xlwt"–>点击"Install Package"进行安装。

第三种方法：通过Windows的"命令提示符"对话框安装。步骤为：在Windows界面左下角的"搜索栏"中输入"命令提示符"或"cmd"后按回车键激活对话框–>执行语句"cd E：\VISUM和Python在城市宏中观交通模型的应用实践"或"cd C：\Program Files\Python37\Lib\site-packages"（注意：此为笔者电脑中的文件路径，读者应根据实际情况修改），将当前路径切换至项目路径或Python的安装路径（模块安装在项目路径，仅适用于该项目而不适用于其他项目；安装在Python的安装路径下，则适用于所有在该电脑中的项目）–>执行"pip3 install pywin32"语句（注意：在程序中不用输入双引号）。

用Python打开.ver文件的语句如下：

```
#coding=utf-8 # 对于有中文字符的代码, 建议增加该行头
import win32com.client
Visum=win32com.client.Dispatch("Visum.Visum.210") # 该版本是VISUM2021年的学生版, 如果是12.5版(2012年版), 应改为"Visum.Visum.125"
filename="E:\\VISUM和Python在城市宏中观交通模型的应用实践\\第4章Python对VISUM二次开发\\.ver文件\\福田中心区1.ver" # 注意更换.ver文件路径
Visum.LoadVersion(filename) # 利用COM接口打开.ver文件
print(" 恭喜您, 您已经成功控制VISUM！ ")
恭喜您, 您已经成功控制VISUM！
```

在PyCharm输入代码后，配置PyCharm所需的环境变量，步骤为：点击"运行/调试配置"按钮（Edit Configurations）–>在"Interpreter options："中输入"-i"（参数表示程序运行结束后，不关闭VISUM，停留在VISUM的界面）–>点击"OK"（图4-4）。

图 4-4　Pycharm 配置所需的环境变量

### 4. VISUM 类的分层结构

VISUM 的 COM 模型遵循严格的对象层次结构。"IVisum"是最高级别的对象。"INet""IFilter""IGraphic""IProcedures"是第 2 层访问子对象,其中"INet"为主要网络的底层操作,"IFiletr"为过滤器,"IGraphic"为图形显示,"IProcedures"为计算流程。本书重点介绍"INet"的内容,对于其他在实际工作中需要用到的对象,读者可在 VISUM 界面点击"帮助"-> 点击"COM 帮助"-> 点击"VISUM-COM"-> 点击"Objects"-> 查阅具体的对象介绍(图 4-5)。

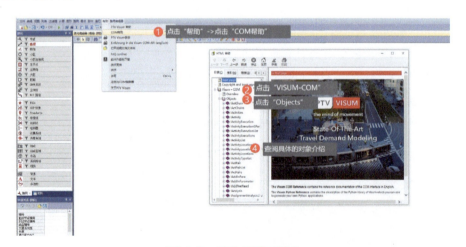

图 4-5　COM 帮助路径

### 5. 访问对象和控制属性

VISUM 的 COM 接口封装里,主要设置包括对象(Objects)、方法(Methods)、性质(Enumerations)和列举(Enumertaions)。

在 4.2 ~ 4.3 节的代码测试中,.ver 案例文件均采用本书提供的"福田中心区 1.ver"。

由于涉及新增和删除对象操作，建议读者在 4.2 ~ 4.3 节中按照本书介绍的顺序测试代码，以免程序显示的结果与本书不符。读者可在 VISUM 软件中打开"福田中心区 1.ver"并利用图 4-3 的"Python Console"进行测试，或者利用 Pycharm 的"Python Console"进行测试。采用 Pycharm 的"Python Console"的代码如下。

\>>>import win32com.client # 导入 win32com 模块
\>>>Visum=win32com.client.Dispatch("Visum.Visum.210")
\>>>filename="E:\\VISUM 和 Python 在城市宏中观交通模型的应用实践 \\ 第 4 章 Python 对 VISUM 二次开发 \\.ver 文件 \\ 福田中心区 1.ver"# 注意更换实际的 .ver 文件路径
\>>>Visum.LoadVersion(filename) # 利用 COM 接口打开 .ver 文件

本书主要介绍常用的对象和方法，读者若需要用到其他功能，可自行查阅 COM 接口的帮助文档。VISUM 中 INet 的部分分层类别如图 4-6 所示。

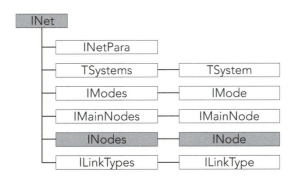

图 4-6　VISUM 中 INet 的部分分层类别图（局部）

可以采用 3 种方式使用对象。

1）使用 Key（密钥）随机访问指定对象

使用密钥访问的方法借助"ItemByKey"语句保证对单个 VISUM 对象的明确访问。要调用特定的 VISUM 对象，一般使用该对象的外部键（标识符，由一个或多个 ID 组件组成），然后可以访问特定 VISUM 对象的属性。

\>>>node=Visum.Net.Nodes.ItemByKey(1) # 获取编号 1 的节点对象，注意大小写
\>>>print(node.AttValue("NAME")) # 显示当前节点对象的名称
ceshi

2）访问集合的所有对象

可以采用"GetAll"语句将集合的所有对象作为列表获取。如果返回的结果是一个数组，

则可以采用数组索引访问对象本身。但在程序中需要注意数组的边界，否则，会发生错误。笔者推荐一次传输较多数据，减少程序与 VISUM 的接口交互数据的次数，这样可以缩短程序的运行时间。

\>>>nodeall=Visum.Net.Nodes.GetAll　# 获取节点所有对象，并赋值给"nodeall"

3）遍历集合的所有对象

使用对象遍历循环是对集合的所有对象进行循环编程的最方便的方法。但若频繁地调用 COM 接口，会拖慢程序的运行速度。

\>>>for node in Visum.Net.Nodes:node.SetAttValue("NAME","ceshi")　# 遍历将所有节点，并将"NAME"属性设置为"ceshi"

VISUM 的节点、路段、PuT 站点等属性划分为软件的自有属性和用户的自定义属性。软件的自有属性包含"AttributeID""Type"（又分为"强制的""可选的"和"计算的"等类型）、字段的数据类型（又分为整型、实数、字符型和时间等类型）等，在软件安装路径下的"Doc\Eng\attribute.xlsx"文件中有详细介绍，有需要的读者可自行查阅该文件。用户自定义属性为用户自行增加的字段，其数据类型由用户自行设置，而其属性主要采用"AttValue"方法访问。

### 4.2.2　Python 控制路网

第 1 层（最高级别）对象是"IVisum"，第 2 层访问子对象是"INet""IFilter"等（Python 控制路网主要位于"INet"，获取第 2 层对象通过代码"IVisum.INet"实现），第 3 层对象对应路网中的某一对象的集合（如节点、路段等集合，一般情况末尾带"s"），第 4 层对象是下一层单点的对象（末尾不带"s"），如节点的集合（INodes）往下一层是单点（INode）。本书主要介绍工作中常用的设置，包括路段（ILinks->ILink）、节点（INodes->INode）、小区连接线（IODConnectors->IODConnector）、转向（ITurns->ITurn）、小区（IZones->IZone）等。VISUM 的"INet"的常用分类设置如图 4-7 所示。

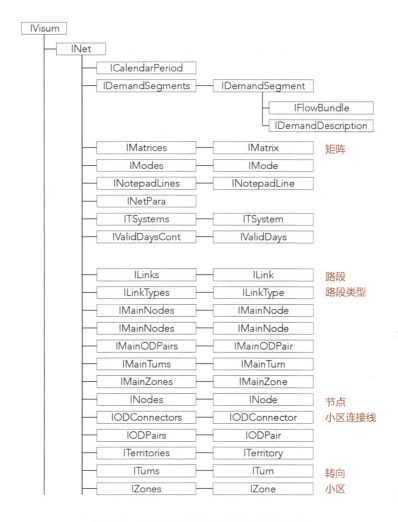

图 4-7　VISUM 的 INet 的常用分类设置

## 1. Python 控制节点

### 1）节点集（INodes）

节点为 VISUM 基本的物理结构，路段的两端先有节点，因此，控制节点在修改路网和 PuT 网络中显得尤为重要。可以直接从 VISUM 软件的当前文件的对象中获得节点的集合。

&gt;&gt;&gt;nodeall=Visum.Net.Nodes.GetAll  # 获取节点所有对象，并赋值给变量"nodeall"

&gt;&gt;&gt;nodeacticve=Visum.Net.Nodes.GetAllActive  # 获取所有激活的节点，并赋值给变量"nodeacticve"

&gt;&gt;&gt;len(nodeacticve)  # 返回激活的节点集合包含的节点数

2）判断节点是否存在，获取特定的节点对象

>>>Visum.Net.Nodes.NodeExistsByKey(2) #判断编号为 2 的节点是否存在
True

利用"节点集合对象.ItemByKey([in]VARIANT NodeNo,[out, retval]INode** Node)"语句，可以输入参数"NodeNo"（该参数为可变类型，即类型可以是整数或对象等），返回节点对象，建议先判断节点是否存在再获取该节点，否则，程序容易出错。

>>>nodeone=Visum.Net.Nodes.ItemByKey(2) #获取节点编号为 2 的对象，并赋值给变量"nodeall"

3）增加节点

利用"节点集合对象.AddNode([in]int No,[in, defaultvalue(0.0)]double XCoord,[in, defaultvalue(0.0)]double YCoord,[out, retval]INode** Node)"语句，输入节点编号、节点的 $X$ 坐标和 $Y$ 坐标，返回节点对象。建议先判断节点是否存在再获取该节点，否则，程序容易出错。

>>>node_new=Visum.Net.AddNode(1000,12696000,2576700) #增加编号为 1000 的节点，坐标 $X$=12696000,$Y$=2576700，并赋值给变量"node_new"作为新的对象

4）设置和获取节点的属性

利用"节点.SetAttValue([in]BSTR Attribute,[in]VARIANT newValue)"语句，输入节点的属性名称，可查询"attribute.xlsx"，输入新的数值的格式需要与字段的类型一致，否则，程序会报错。

>>>node_new.SetAttValue("Name","Hongli Road and Haitian Road Cross") #设置新增节点的名称为"Hongli Road and Haitian Road Cross"

利用"节点.AttValue([in]BSTR Attribute)"语句，获取节点对象的某一字段。

>>>node_new.AttValue("Name") #获取当前节点对象的名称
'Hongli Road and Haitian Road Cross'

5）移动节点

可通过修改节点 $X$ 坐标和 $Y$ 坐标，实现移动节点功能。

>>>node_new.SetAttValue("Xcoord",12697000) #修改节点对象的 $X$ 坐标
>>>node_new.SetAttValue("Ycoord",2576800) #修改节点对象的 $Y$ 坐标

6）合并节点

利用"节点.Nodes.Merge([in]VARIANT node1,[in]VARIANT node2,[in, optional]

VARIANT_BOOL recomputeLinkLengths)"语句，输入对象节点1和节点2，可选布尔型输入参数，默认是"True"，重新计算路段长度。结果是将节点2合并到节点1，保留节点1，删除节点2。

\>>>node1=Visum.Net.AddNode(2001,12698000, 2576700)

\>>>node2=Visum.Net.AddNode(2002,12699000, 2576700)

\>>>node3=Visum.Net.Nodes.Merge(node1,node2) # 将节点1和节点2合并，并返回对象给变量"node3"

7）删除节点

利用"节点集合对象.RemoveNode([in]INode* Node)"语句可删除节点，无返回值。

\>>>Visum.Net.RemoveNode(node_new) # 删除对象为"node_new"的节点

### 2. Python 控制路段

1）路段基础操作

路段的基础属性包括编号（No）、起始节点编号（FromNodeNo）、终点节点编号（ToNodeNo）。在路段的属性表中这3个字段不能修改，但若通过程序修改节点编号，路段的起始编号会自动更新。注意，路段的编号是一对重复的数字，表明有两个方向。

\>>>linkall=Visum.Net.Links.GetAll # 获取路段所有对象，并赋值给变量"linkall"

\>>>linkacticve=Visum.Net.Links.GetAllActive # 获取所有激活的路段，并赋值给变量"linkacticve"

\>>>len(linkacticve) # 返回激活的路段集合包含的路段数

746

2）判断路段是否存在，获取特定的路段

利用"路段集合对象.LinkExistsByKey([in]VARIANT FromNode,[in]VARIANT ToNode, [out, retval]VARIANT_BOOL* LinkExists)"语句，输入路段的起点对象或者编号、终点对象或者编号，返回该路段（link）是否存在的布尔值。

\>>>Visum.Net.Links.LinkExistsByKey(33,201) # 判断起点编号为33、终点编号201的路段是否存在

True

利用"路段集合对象.ItemByKey([in]VARIANT FromNode,[in]VARIANT ToNode,[out, retval] ILink** Link)"语句，输入参数路段的起点对象或者编号、终点对象或者编号，返回路段对象。建议先判断该路段是否存在再获取该路段，否则程序容易出错。

```
>>>link=Visum.Net.Links.ItemByKey(33,201) # 获取起点编号为 33、终点编号 201 的路段
对象，并赋值给变量"link"
```

3）增加路段

利用"路段集合对象.AddLink([in]int no,[in]VARIANT FromNode,[in]VARIANT ToNode, [in, optional]VARIANT LinkType,[out,retval]ILink** Link)"语句可增加路段。建议先判断路段的节点编号、路段是否存在，再增加路段。

```
>>>node1=Visum.Net.AddNode(3001,12698000, 2576700)
>>>node2=Visum.Net.AddNode(3002,12699000, 2576700)
>>>max_link=1
>>>for i in Visum.Net.Links:
        if max_link<i.AttValue("No"):
            max_link=i.AttValue("No") # 获取路段的最大编号
>>>link_new=Visum.Net.AddLink(max_link+1,3001,3002,"1") #max_link+1 为在最大路段编
号上加 1，保证不重复；3001 和 3002 为节点编号，也可直接采用"node1"或者"node2"的
对象；"LinkType"为新增路段的道路类型，该增加为双向的
```

4）设置和获取路段的属性

利用"路段对象.SetAttValue([in]BSTR Attribute,[in]VARIANT newValue)"语句，输入路段的属性名称，可查询"attribute.xlsx"，输入的新数值的格式需要与字段的类型一致，否则程序将报错。

```
>>>link_new.SetAttValue("Name","Hongli Road") # 设置新增节点的名称为"Hongli Road"
```

利用"路段对象.AttValue([in]BSTR Attribute)"语句，获取路段对象的某一字段。

```
>>>link_new.AttValue("Name") # 获取当前路段对象的名称
'Hongli Road'
```

5）拆分路段

利用"路段对象.SplitAtPosition([in]double xPos,[in]double yPos)"语句，针对某一路段按照用户输入的节点的 X 坐标和 Y 坐标进行拆分。该功能只是实现拆分路段，并不返回新的对象。

```
>>>link_new.SplitAtPosition(12699000, 2576700) # 将路段对象"link_new"按节点分为两
个路段
```

6）删除路段

利用"路段对象.RemoveLink([in]ILink* Link)"语句，按照输入的路段对象对其进行删除。

\>>>Visum.Net.RemoveLink(link) # 删除对象为"link"的路段（注意：虽然前面对象"link"获取的是单向的对象，但删除该对象时双向的路段均被删除）

### 3. Python 控制转向

1）转向基础操作

转向的基本属性包括起点节点编号（FromNodeNo）、中间节点编号（ViaNodeNo）、终点节点编号（ToNodeNo）。在转向的属性表中，这3个字段不能修改。

\>>>turnall=Visum.Net.Turns.GetAll # 获取转向关系所有对象，并赋值给变量"turnall"

\>>>turnacticve=Visum.Net.Turns.GetAllActive # 获取所有激活的转向关系并赋值给变量"turnacticve"

\>>>len(turnacticve) # 返回激活的转向集合中包含的转向数

2238

2）判断转向是否存在，获取特定的转向

利用"转向对象.TurnExistsByKey([in]VARIANT fromNode,[in]VARIANT viaNode,[in]VARIANT toNode,[out,retval]VARIANT_BOOL* TurnExists)"语句，输入转向的起点节点对象或者编号、终点节点对象或者编号，返回路段（link）是否存在。

\>>>Visum.Net.Turns.TurnExistsByKey(1,2,16) # 判断转向的起点节点编号为1、中间节点编号为2、终点节点编号16的转向是否存在

True

利用"ItemByKey([in]VARIANT FromNode,[in]VARIANT ViaNode,[in]VARIANT ToNode,[out,retval]ITurn** Turn)"语句，输入转向的起点节点对象或者编号、中间节点对象或者编号、终点节点对象或者编号，返回转向对象，建议先判断是否存在该转向再获取该转向对象，否则，程序容易出错。

\>>>turn=Visum.Net.Turns.ItemByKey(1,2,16) # 获取转向的起点节点编号为1、中间节点编号为2、终点节点编号16的对象，并赋值给变量"turn"

3）设置转向通行的交通系统

利用"转向对象.AttValue([in]BSTR Attribute)"语句，获取转向对象的某一字段的属性。

\>\>\>turn.AttValue("TSysSet") #获取当前小区连接线对象通行的交通系统
'A,B,GV,T'

利用"转向对象.SetAttValue([in]BSTR Attribute,[in]VARIANT newValue)"语句，设置转向对象的某一属性，输入转向属性名称（具体可查询"attribute.xlsx"），输入新的数值格式需要与字段的类型一致，否则，程序将报错。

\>\>\>turn.SetAttValue("TSysSet",' ') #设置转向的交通系统集为空，表明该转向禁行所有交通系统，此处注意一定要使用单引号而非双引号

### 4. Python 控制渠化

在路网编辑器双击节点，进入连接编辑器（Junction Editor）模式，包含节点（Node）、路段（Links）、转向（Turns）、渠化（Geometry,直译为几何）等，其中渠化包含分支（Legs）、车道（Lanes）、车道转向（Lanes Turns）、人行横道（Crosswalks）和检测器（Detectors），分支包含车道和人行横道，车道包含转向。VISUM 的"INet"主要控制的几何设置如图 4-8 所示。

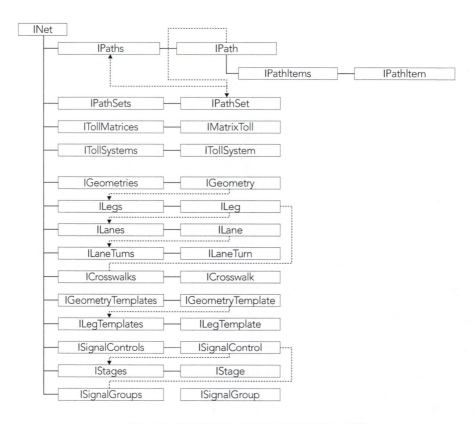

图 4-8　VISUM 的 INet 的主要控制几何设置

1）获取渠化对象

利用"节点对象.Geometry([out,retval]IGeometry**geometry)"语句可通过某一节点对象获取其对应的所有渠化对象。

\>>>node_obj=Visum.Net.Nodes.ItemByKey(3) # 获取节点编号为 3 的对象赋值给变量"node_obj"

\>>>n_leg=node_obj.AttValue("NumLegs") # 获取节点对象 node_obj 的分支数量，并赋值给变量"n_leg"

\>>>print(n_leg) # 显示对象"n_leg"的分支数量

4.0

\>>>aGeometry=node_obj.Geometry # 获取节点"node_obj"对象的所有渠化对象，并赋值给变量"aGeometry"

2）获取分支对象

利用"渠化对象.Legs（[out，retval]ILegs**Legs）"语句，获取渠化对象对应的分支对象。

\>>>alegs=aGeometry.Legs # 获取某一几何节点对象的分支对象集合

\>>>for i in alegs: print(i.AttValue("Orientation")) # 遍历分支对象集合，显示其所有分支的方向

9.0

3.0

15.0

13.0

获取分支的方向后，显示的数字分别代表不同方向，其对应关系为:{5:"E",4:"ENE",6:"ES",1:"N",3:"NE",2:"NNE",16:"NNW",15:"NW",9:"S",7:"SE",8:"SSE",10:"SSW",11:"SW",0:"U",13:"W",14:"WNW",12:"WSW"}。

\>>>for i in alegs: i.SetAttValue("ChannTurnLen","5.0") # 遍历分支对象集合，并设置转弯半径为 5.0m

利用"分支对象集合对象.ItemByKey(Node,MainNode,Orientation)"语句，通过分支对象集合获取特定的分支，输入节点对象或编号、主要节点对象或编号（缺失时可输入"0"）、分支的方向。

\>>>legs_onedirection=alegs.ItemByKey(3,0,9) # 获取分支对象集合对应的交叉口节点编

号3、主要节点对象缺失、方向为9("S"方向)的具体分支对象,并赋值给变量"legs_onedirection"

&gt;&gt;&gt;legs_onedirection.SetAttValue("CISLANDLEN","3.0") # 设置渠化岛长度为 3.0m

利用"分支对象集合对象.ItemByLink(Node,MainNode,Link)"语句,通过分支对象集合获取特定的分支,输入节点对象或编号、主要节点对象或编号(缺失时可输入"0")、连接段的对象或编号。

&gt;&gt;&gt;legs_onelink=alegs.ItemByLink(3,0,4) # 获取分支对象集合"alegs"的交叉口节点编号3、主要节点对象缺失、连接段编号4的具体分支对象,并赋值给变量"legs_onelink"

&gt;&gt;&gt;legs_onelink.SetAttValue("CISLANDLEN","4.5") # 设置对应分支的渠化岛长度为 4.5m

3)获取分支对应的车道集合,并控制车道

利用"分支对象.Lanes([in]VARIANT_BOOL inbound,[in]VARIANT_BOOL outbound,[out,retval]ILanes**)"语句,获取特定分支对象对应的车道集合,输入进口车道和出口车道参数值(布尔型,值为"True"表示返回,值为"False"表示不返回),返回车道集合。

&gt;&gt;&gt;lanes=legs_onelink.Lanes(True,True) # 获取分支对应的进口和出口车道的集合

&gt;&gt;&gt;lanes_inbound=legs_onelink.Lanes(True,False) # 获取分支对应的进口车道的集合

利用"分支对象.AddLane([in]VARIANT OriginLane,[in]VARIANT_BOOL Inside,[out,retval]ILane ** Lane)"语句,通过分支对象增加进口道的车道,输入内侧还是外侧增加车道的参数(布尔型,值为"True"表示为内侧,值为"False"表示为外侧)。

&gt;&gt;&gt;legs_onelink.AddLane(7,True) # 在分支的第 7 个车道内侧增加一个车道

&lt;COMObject AddLane&gt;

利用"分支对象.RemoveLane([in]VARIANT Lane)"语句,输入特定分支对象的车道编号输出车道,删除车道后 VISUM 对该分支的车道自动重新编号。

&gt;&gt;&gt;legs_onelink.RemoveLane(3) # 删除分支对象"legs_onelink"的第 3 个车道

4)获取车道集合对应车道,并控制转向对象

利用"车道集合对象.ItemByKey(Node,MainNode,Link,LaneNo)"语句,通过车道集合对象获取特定的车道对象,输入节点对象或编号、主要节点对象或编号(缺失时可输入"0")、路段对象或编号、车道编号。

&gt;&gt;&gt;legs_onelink=alegs.ItemByLink(3,0,4)

&gt;&gt;&gt;lanes_one=legs_onelink.Lanes(True,True)

&gt;&gt;&gt;lane_one=lanes_one.ItemByKey(3,0,4,6)

利用"车道集合对象.ItemByLeg(Leg,LaneNo)"语句,获取特定的车道,输入分支对象、车道对象或编号。

>>>legs_twolink=alegs.ItemByLink(3,0,3)

>>>lanes_two=legs_twolink.Lanes(True,True)

>>>lane_two=lanes_two.ItemByLeg(legs_twolink,3)

利用"渠化对象.AddLaneTurn(FromLane,ToLane)"语句,增加车道转向关系,输入进口道车道对象和出口道车道对象。建议增加容错代码,防止程序出错。

>>>try:

  lane_turn=aGeometry.AddLaneTurn(lane_one,lane_two)

 except:

  print("this already has this LaneTurn")

利用"渠化对象.RemoveLaneTurn(Laneturn)"语句,删除车道转向关系,输入车道转向对象。建议增加容错的代码,防止程序出错。

>>>try:

  aGeometry.RemoveLaneTurn(lane_turn)

 except:

  print("this has not this LaneTurn")

### 5. Python 控制交通小区

#### 1)交通小区集合

交通小区集合的主键是唯一的编号(No)。一般建议内部小区从 1 到 $N$ 逐一编号,而外部小区从 $N+1$ 开始逐一编号。

>>>zoneall=Visum.Net.Zones.GetAll #获取交通小区所有对象,并赋值给变量"zoneall"

>>>zoneall=Visum.Net.Zones.Count #返回交通小区集合数量,并赋值给变量"zoneall"

>>>zoneacticve=Visum.Net.Zones.GetAllActive #获取所有激活的交通小区并将其赋值给变量"zoneacticve"

>>>len(zoneacticve) #返回激活的交通小区集合包含的交通小区数量

#### 2)获取特定的小区

利用"交通小区集合对象.ItemByKey([in]VARIANT ZoneNo,[out,retval]IZone**Zone)"语

句获取特定小区对象，输入交通小区编号。由于VISUM2021取消了"ZoneExistsByKey"这个功能，因此，只能通过Python"try…except…"的容错功能进行测试。

```
>>>try:
    zone=Visum.Net.Zones.ItemByKey(5)
 except:
    print("have not this zone")
```

### 3）增加交通小区

利用"交通小区集合对象.AddZone([in]int No,[in,defaultvalue(0.0)]double XCoord,[in,defaultvalue(0.0)]double YCoord,[out,retval]IZone**Zone)"语句，增加交通小区，输入交通小区编号、X坐标值、Y坐标值。建议先测试增加的交通小区的编号和坐标点是否存在，再增加交通小区，防止程序出错。

```
>>>max_zone=1
>>>for i in Visum.Net.Zones:
    if max_zone<i.AttValue("No"):
        max_zone=i.AttValue("No") # 获取路段的最大编号
>>>zone_new=Visum.Net.AddZone(max_zone+1,12698000,2576700) #max_zone+1 为新增加
```
的交通小区编号，其在最大交通小区编号上加1，可保证不重复。12698000为交通小区中心点的X坐标，2576700为Y坐标。由于本书采用的是VISUM2021学生版，只有30个交通小区的权限，运行这段程序会报错，在正式版本中运行则不会报错。

pywintypes.com_error: (-2147352567, '发生意外。', (0, 'Visum.Visum.2101', ' 小区 (30) 的数量超过了最大值.', None, 0, -2147352567), None)

### 4）设置和获取交通小区的属性

利用"交通小区对象.SetAttValue([in]BSTR Attribute,[in]VARIANT newValue)"语句，设置交通小区某一属性的值，输入交通小区的属性名称（具体可查询attribute.xlsx文件），输入的新数值格式需要与字段类型一致，否则，程序将报错。

```
>>>zone=Visum.Net.Zones.ItemByKey(115) # 获取编号115的交通小区，并赋值给变量
```
"zone"
```
>>>zone.SetAttValue("Name","Futian") # 设置交通小区的名称为"Futian"
```

利用"交通小区对象.AttValue([in]BSTR Attribute)"语句，获取交通小区对象的某一字段，输入字段的属性名。

>>>zone.AttValue("Name") # 获取当前交通小区对象的名称

'Futian'

5）删除交通小区

利用"交通小区集合对象.RemoveZone([in]IZone*Zone)"，删除交通小区，输入交通小区对象。

>>>Visum.Net.RemoveZone(zone) # 删除对象为"zone"的交通小区

### 6. Python 控制交通小区连接线

1）交通小区连接线集合

交通小区连接线主要由小区编号（ZoneNo）、节点编号（NodeNo）和方向（Direction，O 或者 D）组成。"TSysSet"为该交通小区连接线通行的交通系统集（详见 2.1.1 节内容，本书案例交通系统集包含 A 客车、GV 货车、T 出租车、W 步行）。

>>>connectorall=Visum.Net.Connectors.GetAll # 获取所有交通小区连接线对象，并赋值给变量"connectorall"

>>>zoneall_num=Visum.Net.Connectors.Count # 返回交通小区连接线数量，并赋值给变量"zoneall_num"

>>>connectoracticve=Visum.Net.Connectors.GetAllActive # 获取所有激活的交通小区连接线对象，并赋值给变量"connectoracticve"

>>>len(connectoracticve) # 返回激活的小区连接线集合包含的交通小区连接线数量。由于之前删除了编号为 115 的交通小区，导致剩下 29 个交通小区和 78 条小区连接线

78

2）判断交通小区连接线是否存在，并获取特定的小区连接线

利用"交通小区连接线集合对象.ExistsByKey([in]VARIANT node,[in]VARIANT zone,[out,retval] VARIANT_BOOL*exists)"语句，判断节点和小区之间是否存在小区连接线，返回布尔型。

>>>ceshi=Visum.Net.Connectors.ExistsByKey(244,5) # 判断是否存在节点编号为 244、交通小区编号为 5 的小区连接线，返回"True"或"False"给变量"ceshi"

利用"交通小区连接线集合对象.SourceItemByKey([in]VARIANT FromZone,[in]VARIANT ToNode,[out，retval]IODConnector**ODConnector)"语句，获取特定的交通小区出发的连接线对象。请先判断是否存在特定连接线再获取，防止程序出错。

>>>if ceshi:

    connectors1=Visum.Net.Connectors.SourceItemByKey(5,244)

利用"交通小区连接线集合对象.DestItemByKey([in]VARIANT FromNode,[in]VARIANT ToZone,[out,retval] IODConnector**ODConnector)"语句，获取特定的交通小区到达连接线对象。

\>\>\>if ceshi:

  connectors1=Visum.Net.Connectors.DestItemByKey(244,5)

3）增加交通小区连接线

利用"交通小区连接线集合对象.AddConnector([in]VARIANT Zone, [in]VARIANT Node, [out,retval]IODConnector**Connector)"语句，增加交通小区连接线，输入交通小区对象或编号、连接节点的对象或编号。建议先判断交通小区连接线是否存在，再增加交通小区连接线（注意：该功能增加双向的交通小区连接线，但返回的对象是出发的交通小区连接线）。

\>\>\>ceshi=False # 为变量"ceshi"赋值"False"

\>\>\>ceshi=Visum.Net.Connectors.ExistsByKey(15,2) # 判断连接线是否存在

\>\>\>if not ceshi:

  connector_new=Visum.Net.AddConnector(2,15) # 增加交通小区编号为 2、节点编号为 15 的连接线

 else: # 若连接线已存在，执行如下代码

  connector_new=Visum.Net.Connectors.SourceItemByKey(2,15) # 获取交通小区编号 2 至节点编号 15 的单方向连接线对象

  connector_new_opposite=Visum.Net.Connectors.DestItemByKey(15,2) # 获取节点编号 15 至交通小区编号 2 的单方向连接线对象

4）获取和设置交通小区连接线的属性

利用"交通小区连接线对象.AttValue([in]BSTR Attribute)"语句，获取交通小区对象的某一字段的属性值，输入字段名称。

\>\>\>connector_new.AttValue("TSysSet") # 获取当前交通小区连接线对象通行的交通系统

'A,GV,T,W'

\>\>\>connector_new.AttValue("Direction") # 获取交通小区连接线对象"connector_new"的方向。其中，1.0 表示"O"方向，2.0 表示"D"方向

1.0

利用"交通小区连接线对象.SetAttValue([in]BSTR Attribute,[in]VARIANT newValue)"语句，设置小区连接线某一属性的值，输入交通小区连接线的属性名称（具体可查询

attribute.xlsx 文件），输入的新数值格式需要与字段的类型一致，否则程序将报错。

\>>>connector_new.SetAttValue("TSysSet"," ") # 设置交通小区连接线的交通系统集为空

5）删除小区连接线

利用"交通小区连接线对象.RemoveConnector([in]IConnector*Connector)"语句，删除交通小区连接线，输入的参数为"需要删除的交通小区连接线对象"。

\>>>Visum.Net.RemoveConnector(connector_new) # 删除"connector_new"对象的小区连接线

### 7. Python 控制信号灯

VISUM 的信号控制机（笔者认为可以将其理解为信号灯设置方案模版）的基础属性包括编号（No）、信号控制类型（SignalizationType）、周期时间（Cycletime）。读者可以在 VISUM 界面中点击"列表"->"私人交通"->"信号控制机"查询所有信号灯控制交叉口设置方案的列表，或者在具体某一节点的转向关系中查看其信号灯设置方案。利用 Python 控制信号灯的思路：按照交警部门的信号灯控制方案新增 VISUM 的"信号控制机"方案 [ 编号（No）为其唯一标识 ]，然后再将该"信号控制机"方案关联到路网的具体节点中（表明该交叉口采用该编号的"信号控制机"方案）。

1）新增信号控制机和设置控制类型

利用"Visum.Net.AddSignalControl(no)"语句，新增信号控制机，输入信号控制机的编号"no"。

\>>>sc=Visum.Net.AddSignalControl(6) # 新增编号为 6 的信号控制机
\>>>sc.SetAttValue("SIGNALIZATIONTYPE",2) # 设置信号控制类型，参数"1"表示基于信号灯组的信号控制，"2"表示基于相位的信号控制
\>>>sc.AttValue("Cycletime") # 查询信号周期长度，同理可采用"SetAttValue"更改
120.0

2）获取特定的信号控制机

利用"Visum.Net.SignalControls.ItemByKey(SignalControlNo)"语句，获取特定的信号控制机对象，输入信号控制机编号"SignalControlNo"。

\>>>sc2=Visum.Net.SignalControls.ItemByKey(6) # 获取编号为 6 的信号控制机对象，并赋值给变量"sc2"

3）获取信号灯集合

利用"Visum.Lists.CreateSignalControlList"语句，创建信号控制灯集合列表，可以对整个区域的信号控制进行整体信息查询或修改。

```
>>>sclist=Visum.Lists.CreateSignalControlList #获取信号控制集合对象,并赋值给变量"sclist"
>>>sclist.AddColumn("No") #sclist 对象列表增加栏目"编号"
>>>sclist.AddColumn("SIGNALIZATIONTYPE") #增加栏目"信号控制类型"
>>>sclist.AddColumn("Cycletime") #增加栏目"周期时间"
>>>data = sclist.SaveToArray() #转换成元组格式,并赋值给变量"data"
>>>data #显示数据
((1.0, '基于信号灯组的', 2.0), (2.0, '基于相位的', 2.0), (3.0, '基于信号灯组的', 2.0), (4.0, '基于相位的', 2.0), (5.0, '基于信号灯组的', 2.0), (6.0, '基于相位的', 2.0))
```

4）将信号控制机对象关联到相应的节点

利用"信号控制机对象.AllocateNode(Node)"语句，将信号控制机对象关联到节点，输入节点对象或编号。

```
>>>sc2=Visum.Net.SignalControls.ItemByKey(1) #获取编号为1的信号控制机对象,并赋给变量"sc2"
>>>sc2.AllocateNode(10) #将sc2 变量(即编号为1的信号控制机对象)关联到编号为10的路网节点
```

5）删除节点的信号控制机

利用"信号控制机对象.DeallocateNode(Node)"语句，删除关联节点编号或对象的信号控制机，输入关联的节点对象或编号。

```
>>>sc2.DeallocateNode(10) #删除路网节点编号为10的信号控制机
```

### 4.2.3 Python 控制公交设置

Python 控制公交与路网一样也位于 VISUM 类的"Net"层。本书主要介绍常用的公交设置有车站（IStops->IStop）、站点区域（IStopAreas->IStopArea）、站点（IStopPoints->IStopPoint）、公交线路（ILines->ILine）、公交路径（ILineRoutes->ILineRoute）、时刻表（ITimeProfiles->ITimeProfile）、车辆历程（IVehicleJourneys->IVehicleJourney）等（图 4-9）。

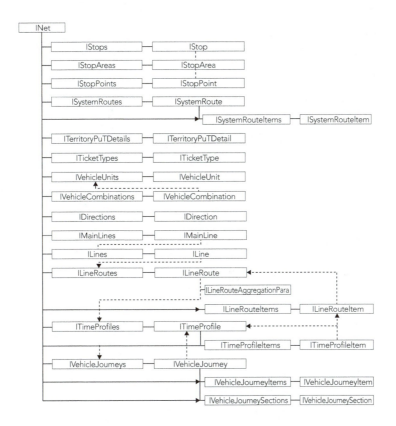

图 4-9　VISUM 的 INet 的主要公交设置

## 1. Python 控制车站、站点区域和站点

1）车站、站点区域和站点集合

车站、站点区域、站点之间的关系说明详见 2.3.1 节。若 .ver 文件已经建好这 3 个数据，则直接从 VISUM 软件的当前文件的对象中获得这三者的集合。

\>>>stopseall=Visum.Net.Stops.GetAll  # 获取车站所有对象，并赋值给变量"stopseall"

\>>>stopsacticve=Visum.Net.Stops.GetAllActive  # 获取所有激活的车站，并赋值给变量"stopsacticve"

\>>>len(stopsacticve)  # 返回激活的车站集合包含的车站数

\>>>stopareaseall=Visum.Net.StopAreas.GetAll  # 获取站点区域所有对象，并赋值给变量"stopareaseall"，而激活的案例与车站一致

\>>>stoppointseall=Visum.Net.StopPoints.GetAll  # 获取站点所有对象，并赋值给变量"stoppointseall"，而激活的案例与站点一致

**2）获取特定车站、站点区域和站点**

利用"ItemByKey([in]VARIANT StopNo,[out,retval]IStop**Stop)"语句，获取特定车站，输入车站编号或对象。

```
>>>try:
    stops_one=Visum.Net.Stops.ItemByKey(356)  # 获取编号为356的车站对象，并赋值给变量"stops_one"
except:
    print("have no this number stop")  # 采用"try…except…"语句以防止程序出错
```

利用"车站对象.StopAreas（[out，retval]IStopAreas** StopAreas）"语句，返回特定车站的所有关联的站点区域，不需要输入参数。

```
>>>stoparea_stops_one=stops_one.StopAreas  # 获取"stops_on"对象所有关联的站点区域对象，并赋值给变量"stoparea_stops_one"
>>>for i in stoparea_stops_one:
    print(i.AttValue("No"))  # 以下答案仅为本书案例
1.0
2.0
3.0
4.0
5.0
6.0
366.0
373.0
```

利用"ItemByKey([in] VARIANT StopAreaNo,[out,retval]IStopArea** StopArea)"语句，获取站点区域对象，输入站点区域编号或对象。

```
>>>stoparea_one=Visum.Net.StopAreas.ItemByKey(2)  # 获取编号为2的站点区域对象，并赋值给变量"stoparea_one"
```

利用"站点区域对象.Stop([out,retval]IStop**Stop)"语句，获取站点区域从属的车站对象，不需要输入参数。

```
>>>stops_two=stoparea_one.Stop  # 获取"stoparea_one"的站点区域对象从属的车站对象，并赋值给变量"stops_two"
```

利用"站点区域对象.StopPoints([out,retval]IStopPoints**StopPoints)"语句，获取从属于站点区域对象的所有站点对象，不需输入参数。

>>>stoppoints_two=stoparea_one.StopPoints # 获取从属于"stoparea_one"站点区域对象的站点对象，并赋值给变量"stoppoints_two"

利用"站点对象.ItemByKey([in]VARIANT StopPointNo,[out,retval]IStopPoint**StopPoint)"语句，获取特定的站点对象，输入站点编号或对象。

>>>stoppoint_three=Visum.Net.StopPoints.ItemByKey(2) # 获取站点编号为2的站点对象，并赋值给变量"stoppoint_three"

利用"站点对象.StopArea([out,retval]IStopArea** StopArea)"语句，获取站点对象从属的站点区域对象，不需输入参数。

>>>stopareas_three=stoppoint_three.StopArea # 获取从属于"stoppoint_three"站点区域对象的站点对象，并赋值给变量"stopareas_three"

3）增加站点、站点区域和车站

在VISUM中，车站是脱离任何路网节点而独立存在的，而站点与节点关联。因此在程序控制中，从流程上避免站点与节点关联关系频繁改动，建议先增加车站，然后再增加站点区域和站点。

利用"站点对象.AddStop([in]int no,[in,defaultvalue(0.0)]double XCoord,[in,defaultvalue(0.0)] double YCoord,[out,retval]IStop**Stop）"语句，增加车站，输入车站编号、车站的坐标$X$、坐标$Y$，返回车站的对象。

>>>stop=Visum.Net.AddStop(400,12696678,2577036) # 增加一个车站对象，并赋值给变量"stop"

利用"AddStopArea([in]int no,[in]VARIANT Stop,[in]VARIANT Node,[in,defaultvalue(0.0)] double XCoord,[in,defaultvalue(0.0)] double YCoord,[out，retval]IStopArea**StopArea)"语句，增加站点区域，输入站点区域编号、其所从属车站的编号或者对象、输入站点区域坐标$X$、坐标$Y$，并返回站点区域对象。

>>>stoparea=Visum.Net.AddStopArea(380,stop,10,12696678,2577036) # 增加站点区域，并赋值给变量"stoparea"

利用"AddStopPointOnNode([in]int no,[in]VARIANT StopArea,[in]VARIANT Node,[out,retval]IStopPoint**StopPoint)"语句，在节点处增加站点，输入站点编号、其所从属的站点区域编号或对象、节点编号或对象，返回站点对象。

\>\>\>stoppoint1=Visum.Net.AddStopPointOnNode(380,stoparea,10) #在节点10增加站点对象，并赋值给变量"stoppoint1"

利用"AddStopPointOnLink([in]int no,[in]VARIANT StopArea,[in]VARIANT FromNode,[in]VARIANT ToNode,[in]VARIANT_BOOL Directed,[out,retval] IStopPoint**StopPoint)"语句，在路段上增加站点，输入站点编号、其所从属的站点区域编号、起点节点或者对象、终点节点编号或对象、路段方向是正向或反向（True or False，或采用1 or 0），返回站点对象。

\>\>\>stoppoint2=Visum.Net.AddStopPointOnLink(381,stoparea,10,50,True) #在节点起点10、终点50的正向路段上增加站点对象，并赋值给变量"stoppoint2"

4）设置属性

利用"车站对象、站点区域对象或者站点对象 .AttValue([in]BSTR Attribute)"语句，为获取对象的某一字段。利用"对象 .SetAttValue([in]BSTR Attribute，属性值 )"语句可设置对象的属性值。

\>\>\>stoppoint2.SetAttValue("Code","0")

\>\>\>stoppoint2.SetAttValue("Name"," 中心城 ")

\>\>\>stoppoint2.SetAttValue("RelPos",0.3) #设置站点位于路段30%的位置

5）删除站点、站点区域和车站

利用"RemoveStopPoint([in]IStopPoint*StopPoint)"语句，删除站点，输入站点的对象或者编号。

利用"RemoveStopArea([in]IStopArea*StopArea)"语句，删除站点区域，输入站点区域的对象或者编号。

利用"RemoveStop([in]IStop*Stop)"语句，删除车站，输入站点的对象或者编号。

\>\>\>Visum.Net.RemoveStopPoint(stoppoint1) #删除站点对象"stoppoint1"

\>\>\>Visum.Net.RemoveStopArea(stoparea) #删除站点区域对象"stoparea"，删除站点区域也会同时删除关联的站点

\>\>\>Visum.Net.RemoveStop(stop) #删除车站对象"stop"，删除车站时也会同时删除其附属的站点区域和站点

## 2. Python 控制线路和线路路径

1）增加线路名称

利用"AddLine([in]BSTR Name,[in]VARIANT TSystem,[out,retval]ILine** Line)"语句，增

加线路，输入线路的名字、其所属的交通系统，返回新建的线路对象。如果从 Excel 导入的名称带有中文字符，需要注意 Excel 里的编码格式（例如需转换为"utf-8"等）以防乱码。

\>\>\>line1=Visum.Net.AddLine("1 号线 ","B") # 增加常规公交 1 号线，并将对象赋值给变量"line1"

\>\>\>line1.SetAttValue("FareSystemSet","1") # 设置常规公交 1 号线的票价系统为"1"

\>\>\>line2=Visum.Net.AddLine(" 地铁 1 号线 ", "M") # 增加地铁 1 号线对象，并赋值给变量"line2"

2）增加线路路径

利用"AddLineRoute([in]BSTR Name,[in]VARIANT Line,[in]VARIANT Direction,[in]INetElements*routeItems,[in,optional]VARIANT NetReadRouteSearchTSys,[out,retval]ILineRoute**LineRoute)"语句，增加线路路径，输入线路路径名称、线路对象或编号、上行或下行方向、站点集合对象、搜索的路径参数（可选，网络读取的路径搜索系统），返回线路路径的对象。

\>\>\>linename1=line1.AttValue("Name") # 获取公交线路名称，并赋值给变量"linename1"

\>\>\>myrouteforward=Visum.CreateNetElements() # 创建线路站点集合对象，并赋值给变量"myrouteforward"

\>\>\>stoppoint1=Visum.Net.StopPoints.ItemByKey(65)

\>\>\>myrouteforward.Add(stoppoint1) # 在线路站点集合增加站点对象

\>\>\>stoppoint2=Visum.Net.StopPoints.ItemByKey(62)

\>\>\>myrouteforward.Add(stoppoint2) # 在线路站点集合增加站点对象

\>\>\>stoppoint3=Visum.Net.StopPoints.ItemByKey(39)

\>\>\>myrouteforward.Add(stoppoint3) # 在线路站点集合增加站点对象

\>\>\>direction1=Visum.Net.Directions.ItemByKey(">") # 设置线路方向

\>\>\>routesearchparameters=Visum.IO.CreateNetReadRouteSearchTSys() # 注意：该处必须加括号，搜索参数设置

\>\>\>routesearchparameters.SetAttValue("HowToHandleIncompleteRoute",2)

\>\>\>routesearchparameters.SetAttValue("ShortestPathCriterion",1)

\>\>\>routesearchparameters.SetAttValue("IncludeBlockedLinks",False)

\>\>\>routesearchparameters.SetAttValue("IncludeBlockedTurns",False)

\>\>\>routesearchparameters.SetAttValue("MaxDeviationFactor",1000)

\>\>\>routesearchparameters.SetAttValue("WhatToDoIfShortestPathNotFound",0)

\>\>\>lineroute1=Visum.Net.AddLineRoute(linename1+">",line1,direction1,myrouteforward, routesearchparameters) # 增加线路路径对象，并赋值给变量"lineroute1"

### 3）删除线路和线路路径

利用"RemoveLine([in]ILine*Line)"语句，删除线路，输入线路名称或者对象。删除线路后其附属的"LineRoute"会自动删除。

利用"RemoveLineRoute([in]ILineRoute*LineRoute)"语句，删除线路路径，输入线路路径或者对象（请注意，尽管此语句删除线路路径，但线路"Line"仍存在）。

\>\>\>Visum.Net.RemoveLineRoute(lineroute1) # 删除对象为"lineroute1"的公交线路路径，但公交线路的对象仍存在

\>\>\>Visum.Net.RemoveLine(line1) # 删除对象为"line1"的公交线路对象

## 3. Python 控制时刻表和车辆历程

### 1）增加时刻表和车辆历程

利用"AddTimeProfile([in]BSTR Name,[in]VARIANT LineRoute,[out,retval]ITimeProfile**TimeProfile)"语句，增加时刻表，输入时刻表名称、公交线路 LineRoute 对象或编号，返回增加的时刻表对象。

\>\>\>line1=Visum.Net.AddLine("1 号线 ","B") # 由于上一节删除该对象，为测试方便再一次增加线路

\>\>\>lineroute1=Visum.Net.AddLineRoute(linename1+">",line1,direction1,myrouteforward, routesearchparameters) # 由于上一节删除该对象，为测试方便再一次增加线路路径

\>\>\>tp1=Visum.Net.AddTimeProfile("timeprofile 1",lineroute1) # 按照公交线路对象新增时刻表

\>\>\>tp1.SetAttValue("VehCombNo",4) # 设置车辆组合编码，"4"为公交车组合

利用"AddVehicleJourney([in]int no,[in]VARIANT TimeProfile,[out,retval] IVehicleJourney**VehicleJourney)"语句，增加车辆历程，输入车辆历程编号、列车时刻表对象或编号，返回增加的车辆历程的对象。

\>\>\>no_Vehicle=500 # 设置初始车辆历程编号

\>\>\>for i in range(23400,36000,120): # 23400s 相当于 6:30

veh1=Visum.Net.AddVehicleJourney(no_Vehicle,tp1) # 增加车辆历程，"no_Vehicle"为

车辆历程编号

  veh1.SetAttValue("Dep",i) # 设置出发时刻，输入时间以秒计

  no_Vehicle=no_Vehicle+1 # 车辆历程编号 +1

2）删除时刻表和车辆历程

利用"RemoveTimeProfile（[in]ITimeProfile*TimeProfile）"语句，删除时刻表，输入时刻表对象，附属的车辆历程也随之删除。

利用"RemoveVehicleJourney（[in]IVehicleJourney*VehJourney）"语句，删除车辆历程，输入车辆历程对象。

\>>>for tp1 in Visum.Net.TimeProfiles:

  Visum.Net.RemoveTimeProfile(tp1) # 删除时刻表，车辆历程也随之删除

## 4.3　Python 控制需求及流程

### 4.3.1　Python 控制列表

在 VISUM 的数据库中，无论是路段、交叉口、交通小区，还是转向，都以属性表的形式存储。每通过 COM 接口读取一次数值都会花费一定时间，因此建议每次通过接口传输一列或者多列数据来减少使用接口的次数，从而节省总的运行时间。

#### 1. 列表接口

要通过 COM 接口访问 VISUM 中列表的内容，其执行的步骤为：创建列表的新实体 –> 定义对象集合 –> 选择列并定义其属性 –> 将内容导出到目标对象变量。常用的列表接口有：

①"CreateConnectorList([out,retval]IConnectorList**ConnectorList)"，创建小区连接线列表。

②"CreateLineList([out,retval]ILineList**LineList)"，创建线路列表。

③"CreateLinkList([out,retval]ILinkList**LinkList)"，创建路段列表。

④"CreateMainZoneList([out,retval]IMainZoneList**MainZoneList)"，创建主小区列表。

⑤"CreateNodeList([out,retval]INodeList**NodeList)"，创建节点列表。

⑥"CreateTurnList([out,retval]ITurnList**TurnList)"，创建转向列表。

⑦"CreateZoneList([out,retval]IZoneList**ZoneList)"，创建小区列表。

下面为 Python 调用 COM 接口创建小区列表的示例。

\>>>zoneList=Visum.Lists.CreateZoneList # 创建定义交通小区列表

\>>>zoneList.AddColumn("No") # 增加栏目"No"

\>>>zoneList.AddColumn("TypeNo") # 增加栏目"TypeNo"

\>>>data=zoneList.SaveToArray() # 将栏目转化为列表

\>>>print(data)

((1.0, '0'), (2.0, '0'), (3.0, '0'), (4.0, '0'), (5.0, '0'), (6.0, '0'), (7.0, '0'), (8.0, '0'), (9.0, '0'), (10.0, '0'), (11.0, '0'), (12.0, '0'), (13.0, '0'), (14.0, '0'), (15.0, '0'), (101.0, '1'), (102.0, '1'), (103.0, '1'), (104.0, '1'), (105.0, '0'), (106.0, '0'), (107.0, '0'), (108.0, '0'), (109.0, '0'), (110.0, '0'), (111.0, '0'), (112.0, '0'), (113.0, '0'), (114.0, '0'), (115.0, '0'))

利用"CreateLineRouteItemList( [out，retval]ILineRouteItemList\*\*LineRouteItemList )"语句，创建线路路径分项表的 Python 语句示例如下。

\>>> lineroute_List=Visum.Lists.CreateLineRouteItemList # 创建定义线路路径分项表

\>>>lineroute_List.AddColumn("Index") # 增加栏目"Index"

\>>>lineroute_List.AddColumn("StopPointNo") # 增加栏目"StopPointNo"

\>>>lineroute_List.AddColumn("StopPoint\\Name") # 增加栏目"StopPoint\Name"，为线路路径对应的站点名称。注意：在 Python 中若直接采用"StopPoint\Name"程序会报错，因此需要用双斜杠（"StopPoint\\Name"）转译后变成单斜杠（"StopPoint\Name"）。同时，为了查看栏目名称的方便，此处界面采用英文版，见图 4-10

\>>>data=lineroute_List.SaveToArray() # 将栏目转化为列表

\>>>print(data)

((1.0, 67.0, '红荔新洲路口'), (2.0, ' ',' '), (3.0, 65.0, '莲花山西②'), (4.0, 64.0, '莲花山西①'), (5.0, ' ',' '), (6.0, 62.0, '莲花山公园②'), (7.0, 61.0, '莲花山公园①'), (8.0, ' ',' '), (9.0, 29.0, '中心书城北'), (10.0, ' ',' '), (11.0, ' ',' '), (12.0, 59.0, '少年宫'), (13.0, ' ',' '), (14.0, ' ',' '), (15.0, 39.0, '关山月美术馆②'), (16.0, ' ',' '), (17.0, 38.0, '关山月美术馆①'), (18.0, ' ',' '), (19.0, 22.0, '莲花二村①'), (20.0, 36.0, '莲花二村②'), (21.0, ' ',' '), (22.0, 105.0, '花卉世界②'), (23.0, 107.0, '花卉世界①'))

图 4-10　增加列表下一层次对应字段的关系

### 2. 列表赋值 VISUM

利用 "SetMultiAttValues([in]BSTR Attribute,[in]VARIANT newValues,[in,defaultvalue(FALSE)]VARIANT_BOOL add)" 语句，对列表整列赋值，输入对象的属性名称、新的数值，注意确保列表和新的数值行数相等且格式与字段的类型一致，否则程序容易报错。

\>>>allzones=Visum.Net.Zones.GetAll  # 获取所有小区的对象，并赋值给变量 "allzones"

\>>>lastzone=len(allzones)  # 获取小区数量，并赋值给变量 "lastzone"

\>>>temp_list=[]  # 创建空表

\>>>k=1  # 创建列表的序号由 1 开始

\>>>for i in range(lastzone):

　　temp_list.append([k,i])  # 列表 "temp_list" 对应每行增加 [ 序号,属性值 ]

　　k=k+1

\>>>Visum.Net.Zones.SetMultiAttValues("TypeNo",temp_list)  # 将创建好的列表整列赋值至小区的 "TypeNo" 属性

## 4.3.2　Python 控制矩阵

VISUM 文件包含的矩阵在网络窗口中的矩阵显示（图 4-11）。矩阵分为需求矩阵和特征矩阵。矩阵前的数字为其唯一编号。Python 主要通过编号控制矩阵（导出和导入）。读者可利用 "Visum.Net.Matrices.ItemByKey(MatrixNo)" 语句获得 .ver 文件中 "MatrixNo" 编号的矩阵，然后利用 "对象 .GetValues()" 语句获取

图 4-11　VISUM 的矩阵显示

其 OD 矩阵（二维的元组格式及相关知识请查阅 4.1.3 节内容）。

由于元组格式一般情况下不能修改里面的元素，不适合进行矩阵计算，因此笔者建议采用灵活的"numpy"()Numerical Python() 模块进行矩阵计算和修改。"numpy"模块是 Python 语言中做科学计算的基础库。该模块侧重于数值计算，也是大部分 Python 科学计算库的基础，多用于在大型、多维数组上执行的数值运算。"numpy"格式数据实则为一个一维或者多维的数组，非常便于进行矩阵计算。

Python 控制矩阵的步骤：获取 VISUM 中的 OD 矩阵（元组格式）–> 格式转换（元组格式转"numpy"格式）–> 相关的矩阵运算（"numpy"格式）–> 格式转换（"numpy"格式转元组格式）–> 将结果矩阵（元组格式）导入至 VISUM。

```
>>>import numpy # 导入"numpy"模块。Pycrust 内置此模块,Pycharm 需要自行安装
>>>OD1=Visum.Net.Matrices.ItemByKey(1) # 获取矩阵编号为 1 的矩阵对象
>>>ODarray1=numpy.array(OD1.GetValues()) # 转换为"numpy"格式
>>>OD2=Visum.Net.Matrices.ItemByKey(2)
>>>OD3=Visum.Net.Matrices.ItemByKey(3)
>>>ODarray2=numpy.array(OD2.GetValues()) # 转换为"numpy"格式
>>>ODarray3=ODarray1+ ODarray2 # 对两个矩阵求和
>>>OD3.SetValues(tuple(ODarray3)) # 将 ODarray3 转为元组赋值给编号为 3 的矩阵
```

另外，矩阵及数值计算、Python 可视化常用的模块为"scipy"和"matplotlib"。"scipy"（Scientific Python）模块是基于 Python 的"numpy"模块扩展构建的数学算法和便捷函数的集合。"matplotlib"模块通常与"numpy"和"scipy"模块一起使用，这种组合已被广泛用于替代 MATLAB（美国 MathWorks 公司出品的商业数学软件），能提供强大的科学计算环境，有助于用户通过 Python 开展数据科学或者机器学习等领域的研究。

### 4.3.3 Python 控制流程和文件

#### 1. Python 控制流程

IProcedures 为 VISUM 提供控制"计算流程"（Procedure Sequence）的 COM 接口。"计算流程"（Procedure Sequence）由若干的计算步骤组成，利用 IProcedures 接口可以将其中的一个或者多个计算步骤的状态设置为"激活状态"（☒）或"非激活状态"（☐），并利用"Execute()"语句运行"激活状态"（☒）的步骤，但不运行"非激活状态"（☐）的步骤。

```
>>>n=1;m=1
>>>for i in range(n,m+1,1):  # 输入运行程序 Procedure 的 n～m 步，本案例中 n、m 均赋值为 1
    Proc=Visum.Procedures
    Proc.Operations.ItemByKey(i).SetAttValue("Active",1.0)  # 将第 i 步设置为激活状态
    Proc.Execute()  # 运行第 i 步
    Proc.Operations.ItemByKey(i).SetAttValue("Active",0.0)  # 将第 i 步设置为非激活状态
```

#### 2. Python 控制 .ver 文件

笔者在日常工作中经常要测试多个 .ver 文件，而且每个 .ver 文件在运行时占用内存较大（笔者通常运行宏观模型 .ver 文件大小约 8G，进行容量限制公交分配时运行占用内存约 64G）。Python 控制 .ver 文件可解决 VISUM 不能同时打开 5 个及以上的 .ver 文件（VISUM 的许可限制）和同时运行多个 .ver 文件会导致内存溢出和 VISUM 崩溃等问题。

**案例 4.11：run_ver.py，测试多套 .ver 文件。**

```
import win32com.client  # 导入 win32com 模块
if __name__=="__main__":
    ver1="E:\\VISUM 和 Python 在城市宏中观交通模型的应用实践 \\ 第 4 章 Python 对 VISUM 二次开发 \\.ver 文件 \\ 福田中心区 1.ver"
    ver2="E:\\VISUM 和 Python 在城市宏中观交通模型的应用实践 \\ 第 4 章 Python 对 VISUM 二次开发 \\.ver 文件 \\ 福田中心区 2.ver"
    try:
        Visum=win32com.client.Dispatch("Visum.Visum.210")  # 启动 PTV VISUM 进程
        Visum.LoadVersion(ver1)  # 加载具体模型文件
        Proc=Visum.Procedures
        Proc.Execute()  # 运行 Procedures
        Visum.SaveVersion(ver1)
        print(" 第一个 VERSION 成功, 地址是 ",ver1)
    except:
        print(" 第一个 VERSION 失败, 地址是 ",ver1)
    try:
```

```
Visum=win32com.client.Dispatch("Visum.Visum.210")  # 启动 PTV VISUM 进程
Visum.LoadVersion(ver2)  # 加载具体模型文件
Proc=Visum.Procedures
Proc.Execute()  # 运行 Procedures
Visum.SaveVersion(ver2)
print(" 第二个 VERSION 成功, 地址是 ", ver2)
except:
    print(" 第二个 VERSION 失败, 地址是 ", ver2)
```

第 5 章

# Python 高级开发案例

基于第 4 章介绍的 Python 对 VISUM 的二次开发技术，本章以 Python 在深圳宏观以及中观交通模型的高级应用，系统介绍流程和代码的高级应用实践，希望对读者开发交通模型有所帮助。

# 5.1　Python 在深圳宏观模型中的高级应用

## 5.1.1　模型简介及二次开发思路

深圳仿真二期平台的宏观交通模型主要面向规划决策，建立土地利用与交通一体化模型体系；采用模型开发软件平台，实现各层次模型的有效衔接；模型人员负责模型的建立和更新维护，利用动态数据进行模型更新，缩短模型更新时间。

深圳仿真二期平台的宏观交通模型利用 VISUM 的程序（Procedure）功能建立经典四阶段法的架构，主要分为基础输入、网络输入、四阶段建模和模型评价 4 部分。其主要模型体系如图 5-1 所示。VISUM 的 Procedure 内部一体化流程如图 5-2 所示。

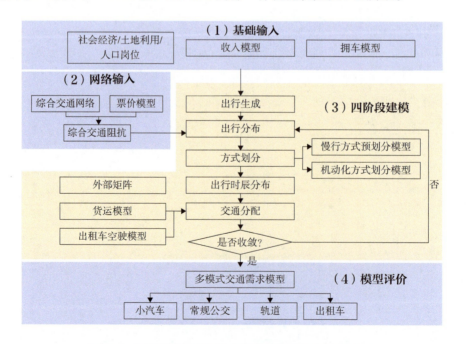

图 5-1　深圳仿真二期平台宏观交通模型主要模型体系

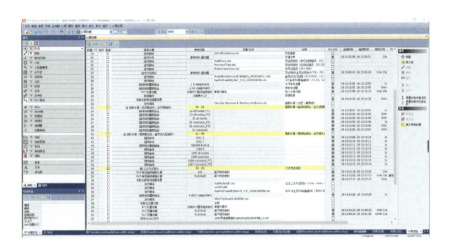

图 5-2　VISUM 的 Procedure 内部一体化流程

### 1. 基础输入

这部分工作主要输入现状年和规划年的社会经济、人口岗位、土地利用、收入和拥车模型等基础数据。其中，现状年的人口数据主要以人口普查和深圳市"织网工程"为输入（注：深圳市"织网工程"是通过数据化、物联化、智能化搭建一个智慧平台，其人口数据的主要特点是整合网格信息员队伍，完善社区网格化服务管理模式，以便较为准确地掌握户籍人口、常住人口、非常住人口和流动人口的动态信息），规划年的人口数据以考虑城市人口承载力、土地开发承载力等约束的人口规模及空间分布预测值为输入；现状年的土地利用数据以深圳市历年的建筑普查数据（包括深圳市每栋建筑的类型和开发量）为输入，规划年的土地利用数据以深圳市规划"一张图"（注：深圳市规划"一张图"的定义是"以现状信息为基础，以法定图则为核心，系统整合各类规划成果，具备动态更新机制的规划管理工作平台"）的地块规划类型和开发量为输入，其中整合各类规划成果包括城市更新规划、土地整备利益统筹项目等数据。

### 2. 网络输入

宏观模型综合交通网络方面包含基础路网（包含节点、路段、交通小区层和交通小区连接线层）和公共交通交通网（包含站点层和线路层）。现状模型的网络输入包括 77400 个路段、1113 条常规公交线路、10457 个公交站点、11 条轨道交通线路、237 个轨道交通站点等；规划模型的网络输入包括 86164 个路段、1113 条常规公交线路、10457 个公交站点、33 条地铁、10 条城际铁路线、933 个轨道交通站点等（图 5-3）。

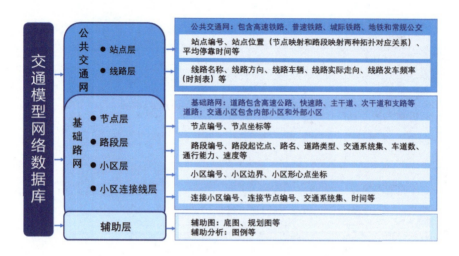

图 5-3  深圳仿真二期平台的宏观模型数据库

交通小区方面，2014 年深圳仿真二期平台设置 1114 个交通小区，在深圳市交通仿真系统日常更新项目中结合《深圳市密度分区（2018）》的密度分区划分范围（密度分区又称强度分区，以容积率指标为核心的建设强度管控是城市规划体系的重要组成，主要用于城市控制开发规模和划定）、法定图则编制范围、规划标准单元划分范围（注：规划标准单元是深圳市国土空间规划体系的重要基础工具，既是国土空间规划的基础空间单元，也是规划编制的技术单元、规划传导的管控单元，还是与社会管理信息衔接的空间信息载体）等因素进一步细分至 2077 个交通小区（图 5-4）。

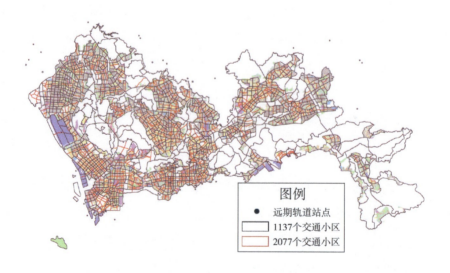

图 5-4  深圳宏观交通模型交通小区设置（截至 2021 年 12 月）

### 3. 四阶段建模

基于家庭的拥车情况、家庭特征等将家庭分为 4 类，基于出行目的分为 6 类，交叉分类得到共计 22 类出行（图 5-5）。

| | 家庭户（FT1） | | | | | 集体户（FT2） | |
|---|---|---|---|---|---|---|---|
| | 家庭不拥车（NC0） | | 家庭拥一辆车（CO1） | | 家庭拥两辆车（CO2） | 不拥车（NC0） | |
| 1 | 基家上班（HBW） | 7 | 基家上班（HBW） | 13 | 基家上班（HBW） | 19 | 基家上班（HBW） |
| 2 | 基家上学（HBEd） | 8 | 基家上学（HBEd） | 14 | 基家上学（HBEd） | | |
| 3 | 基家个人事务（HBPb） | 9 | 基家个人事务（HBPb） | 15 | 基家个人事务（HBPb） | 20 | 基家其他（HBO） |
| 4 | 基家其他（HBO） | 10 | 基家其他（HBO） | 16 | 基家其他（HBO） | | |
| 5 | 公务（EB） | 11 | 公务（EB） | 17 | 公务（EB） | 21 | 公务（EB） |
| 6 | 非基家其他（NHB） | 12 | 非基家其他（NHB） | 18 | 非基家其他（NHB） | 22 | 非基家其他（NHB） |

图 5-5　深圳仿真二期平台宏观交通模型出行分类

同时结合每 5 年一次的居民出行调查数据，每两年一次的跨界交通调查数据，深圳仿真二期平台的交通数据库以及移动、联通和电信手机定位数据等，持续更新参数表。

### 4. 模型评价

笔者结合多年项目经验，总结综合交通体系规划、干线道路网规划、轨道网规划和建设规划、片区交通专项规划等不同类型规划项目的交通评估需要，将 VISUM 宏观模型交通评估指标划分为 4 个大类：整体分配指标、区域统计指标、分布走廊指标、线路站点指标。这些交通评价指标可涵盖大部分交通评价的需要（图 5-6）。

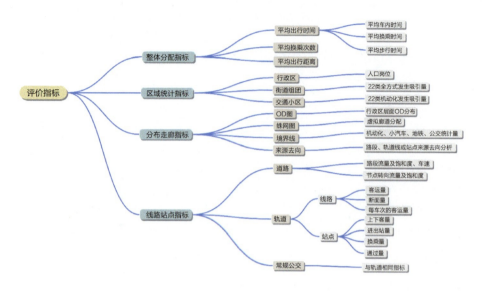

图 5-6　宏观模型评价指标分类图

笔者在应用 VISUM 的过程中，对深圳宏观模型经历了如下四个阶段的 Python 二次开发工作：

第一阶段（2015 年）：考虑到日常工作中经常需要更新和细化宏观模型的状况（而基础工作的更新效率是决定模型能否快速评估反馈的关键因素），笔者在 Python 的自动化开发中，率先实现网络录入的自动化（轨道交通、常规公交）二次开发功能。

第二阶段（2016—2017 年）：考虑到宏观交通模型涉及的交通小区较多、复杂矩阵运算较多，导致整体模型运行的时间过长等状况，笔者利用 Python 的"numpy"模块对模型涉及的矩阵运算进行二次开发优化。

第三阶段（2018 年）：考虑到需要更灵活的运行步骤实现"交通生成、交通分布、交通划分和交通分配"循环迭代功能的状况，笔者用 Python 作为主程序控制 VISUM 程序，实现对 Procedure 整体控制的功能。

第四阶段（2019 年）：考虑到 VISUM 的"情景方案管理"功能主要针对同一个 .ver 文件的不同局部测试方案（如某大桥修建与否等应用场景），为适用不同 .ver 文件的多个测试方案（如评估不同时期的轨道客流等应用场景）需要，通过 Python 的主程序和函数实现测试多套模型文件的功能。

### 5.1.2　网络录入的自动化

#### 1. 整体思路

由于轨道交通、道路等市域层次的交通规划更新频率较高，或者项目经常需要测试较多不同的方案，导致一般模型准备的时间较长。为了快速适应轨道交通线路方案，缩短测试方案周期，同时让模型录入更精细化，不但需要依托程序实现网络输入的轨道交通线网和公交线网自动更新，而且线路还需要按现状和规划方案模拟线路速度、发车车次、停靠站点、停站时间等更详细的网络输入。基于 Python 的 VISUM 公共交通系统网络录入流程如图 5-7 所示。基于 Python 的录入程序项目和录入后的线网和车站如图 5-8 所示。

图 5-7　基于 Python 的 VISUM 公共交通系统网络录入流程

a）Python 录入轨道线网和公交线网程序项目

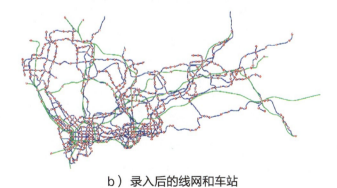

b）录入后的线网和车站

图 5-8　基于 Python 的录入程序项目和录入后的线网和车站

## 2. 开发详细过程

一般城市交通主管部门都有线路、站点和时刻表等现状的数据，百度地图、高德地图等城市地图网站也有现状线路和站点数据，读者可通过各种方式获取实时更新的轨道交通、公交等数据，并利用二次开发技术导入 VISUM。规划线路和站点数据一般仅由规划部门和研究机构掌握，其按照格式提供线网和站点数据后，可直接在 VISUM 中读取。本书的案例流程如下。

### 1）附加读取轨道交通线网和车站

首先打开"案例 5.1 节录入轨道交通线网案例.ver"，该案例已有基础的路网，但还没有轨道交通线网和站点。录入前应保证轨道交通线路为以站点为断点的首尾相连的线段，否则错位的线段将无法设置下一层次的"线路路径"。附加读取轨道交通线网的步骤为：点击"文件"-> "导入"-> 点击"shapefile"-> 选择案例文件夹中的"metro_line.shp"-> 勾选"附加读取"-> 是否保存修改，点击"否"（完成所有步骤并确认没问题再保存文件，防止出错恢复不了原始文件）-> 检查属性是否与 VISUM 中的属性对应，然后点击"确定"（图 5-9）。

图 5-9 附加读取轨道交通线网

接着读入案例准备好的轨道交通车站，同样地，步骤为：点击"文件"-> "导入"-> 点击"shapefile"-> 选择案例文件夹中的"stops_stop.shp"-> 勾选"附加读取"-> 选择"Read as"下拉菜单中的"车站"-> 检查属性是否与 VISUM 中的属性对应，然后点击"确定"-> 另存为"案例 5.1 节录入轨网案例(录入轨道交通线网和车站).ver"（图 5-10）。轨道交通线网的车站仅作为站点区域关联的数据，坐标位置可不用太精确。

图 5-10　附加读取轨道交通车站

2）自动生成轨道交通站点、站点区域

自动生成轨道交通站点、站点区域的原理是，基于车站包含站点和站点区域的关系，利用程序自动生成站点和站点区域。该代码首先通过循环遍历车站，然后针对当前的车站获取其字段"bianhao"的信息【指车站包含站点区域的信息，如车站"莲花北"的"bianhao"信息为"4-5"，表明该车站仅有 1 个站点区域，为非换乘站，仅有本区域内地铁 4 号线的第 5 个站；车站"福田站"的"bianhao"信息为"2-3，3-2，11-2，GSG-2"（注意：双引号内为英文字符），为换乘站，包含本区域内地铁 2 号线的第 3 个站、3 号线的第 2 个站、11 号线的第 2 个站和广深莞客运专线的第 2 个站】，接着通过站点区域的位置搜索最近节点（VISUM 中"GetNearestNode"提供搜索最近节点的功能），最后利用增加站点（"AddStopPointOnNode"）和站点区域功能（"AddStopArea"）生成轨道交通站点和站点区域。本书提供的站点信息表为"stoparea.xls"和"案例 5.1 节录入轨网案例（录入轨道交通线网和车站）.ver"。（注意：运行代码前请将 Pycharm 解释器选项"Interpreter options"设置为"-i"，使程序运行后停留在 VISUM 界面；若不设置该参数，程序运行后将自动关闭 VISUM。）

**案例 5.1："addstoparea.py"，自动生成轨道交通站点、站点区域。**

#coding=utf-8 # 含中文字符开头增加 utf-8 格式声明

import win32com.client # 导入 win32com 模块

import xlrd # 导入 Excel 模块

def read_excel(): # 读入准备好的站点 Excel 文件

```python
    workbook=xlrd.open_workbook("E:\\VISUM 和 Python 在城市宏中观交通模型的应用实践 \\第 5 章 Python 高级开发案例 \\其他输入输出文件 \\stoparea.xls") # 注意根据实际情况更改文件路径
    print(workbook.sheet_names())
    sheet1_name=workbook.sheet_names()[0]
    sheet1=workbook.sheet_by_name(sheet1_name)
    for rownum in range(sheet1.nrows):print(sheet1.row_values(rownum))
    return sheet1

def add_stoparea_stoppoint(stoparea_name,no_stoparea): # 增加站点区域、站点
    for j in range(0,26): # 注意更改 Excel 表格中的数据行数
        if stoparea_name==stopareaxinxi.cell_value(j+1, 2):
            near_node=Imatcher.GetNearestNode(float(stopareaxinxi.cell_value(j +1,4)),float(stopareaxinxi.cell_value(j+1,5)),500,True)
            if near_node.Success:
                if near_node.Node.AttValue("NO") in bb:
                    print("node repeat",stop1.AttValue("bianhao"),mm)
                else:
                    bb.append(near_node.Node.AttValue("NO"))
                    stoparea1=Visum.Net.AddStopArea(no_stoparea,stop1, near_node.Node.AttValue("NO"),float(stopareaxinxi.cell_value(j+1,4)),float(stopareaxinxi.cell_value(j+1,5)))
                    stoppoint1=Visum.Net.AddStopPointOnNode(no_stoparea, stoparea1, near_node.Node)
                    stoparea1.SetAttValue("Code",stopareaxinxi.cell_value(j+1, 3))
                    stoparea1.SetAttValue("bianhao",stopareaxinxi.cell_value(j +1,2))
                    stoparea1.SetAttValue("bianhao",stopareaxinxi.cell_value(j +1,1))
                    stoppoint1.SetAttValue("Code",stopareaxinxi.cell_value(j+ 1,3))
                    stoppoint1.SetAttValue("bianhao", stopareaxinxi.cell_value(j+1,2))
                    stoppoint1.SetAttValue("name",stopareaxinxi.cell_value(j+1, 1))
                    no_stoparea=no_stoparea+1
```

```python
        else:
            print("have no find nearest node",stoparea_name[0],mm)
    return no_stoparea
if __name__=="__main__": # 主程序
    Visum = win32com.client.Dispatch("Visum.Visum.210") # 定义 VISUM 的 Com 接口
    Visum.LoadVersion("E:\\VISUM 和 Python 在城市宏中观交通模型的应用实践 \\ 第 5 章 Python 高级开发案例 \\.ver 文件 \\ 案例 5.1 节录入轨网案例 ( 录入轨道交通线网和车站 ).ver") # 读取 VISUM 的 .ver 文件, 注意根据实际情况更改文件路径
    Imatcher=Visum.Net.CreateMapMatcher() # 创建地图功能的对象, 用于后面的求最近点
    mm=1
    bb=[]
    no_stoparea=1 # 注意增加站点的编号, 避免重复导致程序出错
    stopareaxinxi=read_excel()
    for stop1 in Visum.Net.Stops.GetAllActive:
        stoparea_num=int(stop1.AttValue("Code"))
        if int(stoparea_num)>1:
            mm=mm+1
            stoparea_name=stop1.AttValue("bianhao").split(',')
            for i in stoparea_name:
                no_stoparea=add_stoparea_stoppoint(i, no_stoparea)
        elif int(stoparea_num)==1:
            mm=mm+1
            stoparea_name=stop1.AttValue("bianhao")
            no_stoparea=add_stoparea_stoppoint(stoparea_name,no_stoparea)
    print("over")
```

3)自动生成路径

本书提供的线路信息表为"line_name.csv"(主要内容为地铁线路的名称)。下面的案例使用的 .ver 文件为读者运行完成上一步代码("addstoparea.py",自动生成轨道交通站点、站点区域)后,将 .ver 文件另存所得的"案例 5.1 节录入轨道交通线网案例(录入站点区域和站点).ver"。该代码通过读取线路名称与站点属性"bianhao"对应(包含线路

和站点序号的标识),建立一条地铁(或公交)的站点集合,然后利用"AddLineRoute"的 COM 接口命令增加线路路径。

**案例 5.2:"addmetro_route.py",增加地铁线路路径。**

```
#coding=utf-8  # 含中文字符开头增加 utf-8 格式声明
import win32com.client,csv  # 导入 win32com 和 csv 模块
csvfile=csv.reader(open('E:\\VISUM 和 Python 在城市宏中观交通模型的应用实践 \\ 第 5 章 Python 高级开发案例 \\ 其他输入输出文件 \\line_name.csv','r'))  # 注意根据实际情况更改文件路径
Visum = win32com.client.Dispatch("Visum.Visum.210")  # 定义 VISUM 的 Com 接口
filename="E:\\VISUM 和 Python 在城市宏中观交通模型的应用实践 \\ 第 5 章 Python 高级开发案例 \\.ver 文件 \\ 案例 5.1 节录入轨网案例 ( 录入站点区域和站点 ).ver"  # 注意根据实际情况更改案例路径
Visum.LoadVersion(filename)
class Buslinename:  # 创建公交线路的类
    NO=' '
    NAME=' '
lBuslinename=[]
for line in csvfile:  # 将 .csv 文件的公交信息标准化
    if len(line)>0:
        pClass=Buslinename()
        pClass.NO=line[0]
        pClass.NAME=line[1]
        lBuslinename.append(pClass)
for i in lBuslinename:  # 遍历公交线路,增加线路
    j=0
    print(i.NAME)
    for line00 in Visum.Net.Lines:
        if line00.AttValue("Name")==i.NAME:
            j=1
    if j==0:
```

```python
        if i.NAME!=' ':
            line1 = Visum.Net.AddLine(i.NAME,"M")
for line00 in Visum.Net.Lines.GetAllActive: #遍历激活的VISUM公交线路,增加路径站点
    jj=0
    if (line00.AttValue("TSysCode")=="M"):
        linename1=line00.AttValue("Name")
        myrouteforward = Visum.CreateNetElements() # 注意:必须加括号
        metrostation = Visum.CreateNetElements() # 注意:必须加括号
        for stoppoint2 in Visum.Net.StopPoints.GetAllActive:
            temp=stoppoint2.AttValue("bianhao")
            if temp[:temp.find("-")]+" 号线 "==linename1:
                metrostation.Add(stoppoint2)
        bb=[]
        for i in range(1,metrostation.Count+1):
            for stopp1 in metrostation:
                temp=stopp1.AttValue("bianhao")
                if (temp[temp.find("-")+1:]==str(i)) or (temp[temp.find("-")+1:]=="0"+str(i)):
                    myrouteforward.Add(stopp1)
                    bb.append(stopp1.AttValue("bianhao"))
                    jj=1
                    print(temp)
        routesearchparameters=Visum.IO.CreateNetReadRouteSearchTSys() # 注意:此处必须加括号
        routesearchparameters.SetAttValue("HowToHandleIncompleteRoute", 2)
        routesearchparameters.SetAttValue("ShortestPathCriterion", 1)
        routesearchparameters.SetAttValue("IncludeBlockedLinks", False)
        routesearchparameters.SetAttValue("IncludeBlockedTurns", False)
        routesearchparameters.SetAttValue("MaxDeviationFactor", 1000)
        routesearchparameters.SetAttValue("WhatToDoIfShortestPathNotFound", 0)
        direction1 = Visum.Net.Directions.ItemByKey(">")
```

if jj==1:

  lineroute1=Visum.Net.AddLineRoute(linename1+">",line00, direction1,myrouteforward, routesearchparameters)

print("over")

### 4）自动生成时刻表和反向线路

  下面的案例使用的 .ver 文件为读者运行上一步运行完成（"addmetro_route.py"，增加地铁线路路径）后并将 .ver 文件另存为"案例 5.1 节录入轨网案例（录入单向线路路径）.ver"。该代码按照不同车辆组合，生成列车时刻表，并生成反向线路。读者运行完代码（"addtimeprofy_opposite.py"，自动生成时刻表和反向线路）后，将 .ver 文件另存为"案例 5.1 节录入轨网案例 ( 录入完线路路径 ).ver"，即完成录入轨道交通线路、站点和线路路径的全部工作。

  **案例 5.3：**"addtimeprofy_opposite.py"，自动生成时刻表和反向线路。

```
#coding=utf-8
import win32com.client
Visum=win32com.client.Dispatch("Visum.Visum.210") # 定义 VISUM 的 Com 接口
file name="E:\\VISUM 和 Python 在城市宏中观交通模型的应用实践 \\ 第 5 章 Python 高级开发案例 \\.ver 文件 \\ 案例 5.1 节录入轨网案例（录入单向线路路径).ver" # 注意根据实际情况更改文件路径
Visum.LoadVersion(filename)
iii=1
no_Vehicle=1
for lineroute1 in Visum.Net.LineRoutes.GetAllActive:
    if lineroute1.AttValue("TSysCode")=="M":
        tp1=Visum.Net.AddTimeProfile("timeprofile"+lineroute1.AttValue("LineName"), lineroute1)
        temp=lineroute1.AttValue("LineName")
        if temp=="2 号线 " or temp=="4 号线 ":
            tp1.SetAttValue("VehCombNo",1)
        elif temp=="3 号线 ":
            tp1.SetAttValue("VehCombNo",3)
        elif temp=="10 号线 ":
```

```
        tp1.SetAttValue("VehCombNo",5)
    elif  temp=="11 号线 ":
        tp1.SetAttValue("VehCombNo",2)
    else:
        tp1.SetAttValue("VehCombNo",4)
    for i in range(23400,36000,120): #23400s 相当于 6:30
        veh1 = Visum.Net.AddVehicleJourney(no_Vehicle,tp1)
        veh1.SetAttValue("Dep",i)
        no_Vehicle=no_Vehicle+1
        iii=iii+1
# 创建反方向路线
direction1 = Visum.Net.Directions.ItemByKey("<")
for lineroute1 in Visum.Net.LineRoutes.GetAllActive:
    print(lineroute1.AttValue("LineName"))
lineroute1.InsertOppositeDirection(lineroute1.AttValue("LineName"),direction1,lineroute1.AttValue("LineName")+"<",True)
print("over")
```

### 5.1.3 矩阵运算的提速场景

一般情况下，应优先善用 VISUM 已有的矩阵运算功能，如交通分布、简单的矩阵计算等（图 5-11）。

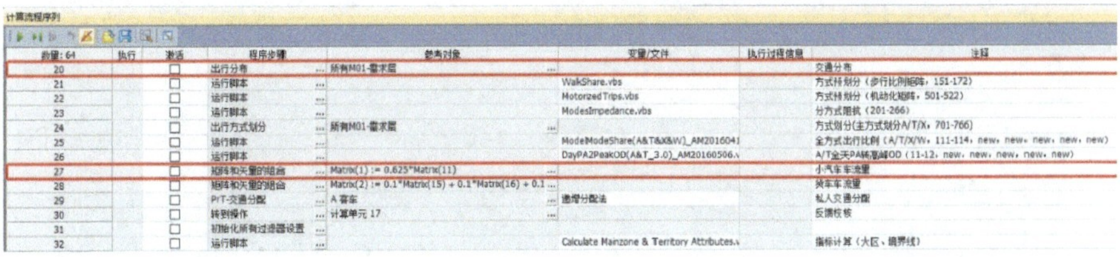

图 5-11 深圳宏观模型（截至 2021 年）保留采用 VISUM 矩阵运算

深圳市宏观交通模型中有较多复杂矩阵运算的步骤，例如图 5-11 中第 21 步 "方式预划分"、第 25 步 "全方式出行比例" 和第 26 步 "A/T 全天 PA 转高峰 OD" 等，均需要频繁通过交通小区之间的距离、出行时间、费用等多种判断条件生成目标矩阵。为了让矩阵运算更灵活和提高效率，笔者通过 Python 的 "numpy" 模块读写后进行优化编写。

## 5.1.4 Procedure 流程优化与再造

建立 Python 项目（Project），通过外部完全控制优化 Procedure 的流程，使深圳市宏观模型的运算时间由 24h 降低到 3.5h。深圳宏观模型（截至 2021 年）Python 控制整体 VISUM 运行情况如图 5-12 所示。

图 5-12　深圳宏观模型（截至 2021 年）Python 控制整体 VISUM 运行情况

## 5.1.5 测试多套模型文件

为最大限度利用 VISUM 软件和时间资源来运行模型，缩短模型测试对评估方案反馈的周期，笔者通过建立主菜单（主程序前置），增加容错功能，以防止中途一个模型出错导致后续模型文件不运行，实现轮流测试多套模型文件功能（图 5-13）。"一键式"全模型周期运行系统运行后，即可得到运行多套模型文件的结果，如深圳市宏观模型分期（初期、近期、远期）分时段（全天、早高峰、晚高峰）的模型结果（图 5-14）。

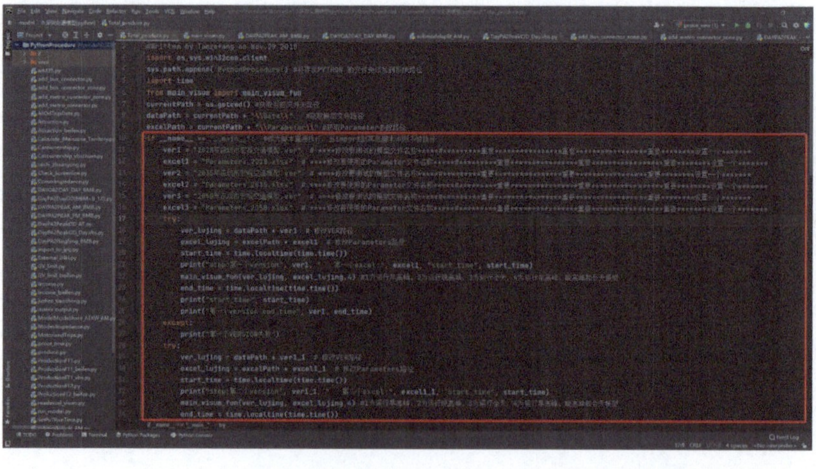

图 5-13　深圳宏观模型（截至 2021 年）测试多套文件

| 名称 | 修改日期 | 类型 |
|---|---|---|
| 2028年深圳市宏观交通模型.ver | 2022-3-24 14:14 | PTV Visum-File |
| 全天（非容量限制）2028年深圳市宏观交通模型.ver | 2022-3-28 3:52 | PTV Visum-File |
| 早高峰（容量限制）2028年深圳市宏观交通模型.ver | 2022-3-28 4:49 | PTV Visum-File |
| 晚高峰（容量限制）2028年深圳市宏观交通模型.ver | 2022-3-28 5:49 | PTV Visum-File |
| 2035年深圳市宏观交通模型.ver | 2022-3-28 5:58 | PTV Visum-File |
| 全天（非容量限制）2035年深圳市宏观交通模型.ver | 2022-3-28 8:35 | PTV Visum-File |
| 早高峰（容量限制）2035年深圳市宏观交通模型.ver | 2022-3-28 9:34 | PTV Visum-File |
| 晚高峰（容量限制）2035年深圳市宏观交通模型.ver | 2022-3-28 10:36 | PTV Visum-File |
| 2050年深圳市宏观交通模型.ver | 2022-3-28 23:18 | PTV Visum-File |
| 全天（非容量限制）2050年深圳市宏观交通模型.ver | 2022-3-29 3:06 | PTV Visum-File |
| 早高峰（容量限制）2050年深圳市宏观交通模型.ver | 2022-3-29 5:44 | PTV Visum-File |
| 晚高峰（容量限制）2035年深圳市宏观交通模型.ver | 2022-3-29 6:43 | PTV Visum-File |

图 5-14　深圳宏观模型"一键式"全模型周期运行系统

注：🔒图标表示该文件为内部加密文件。

## 5.2　Python 在深圳中观模型中的高级应用

### 5.2.1　模型简介及二次开发思路

深圳仿真二期平台 2014 年新建罗湖区中观模型，2015 年后在年度更新项目中新建南山区、福田区、龙华区、盐田区、大鹏新区、坪山区、龙岗区、光明区等中观交通模型，2022 年更新宝安区中观交通模型。

深圳仿真二期平台的中观交通模型体系在继承宏观交通模型的路网和初始 OD 矩阵的基础上，通过交通小区细化、渠化设置、信号灯数据录入等工作，进一步精细化交通模型的底层数据。由于交通模型保存在独立的电脑里，如对外业调查数据的录入工作均由模型工程师执行，则会导致其难以集中精力处理模型中更关键的部分。因此，通过 Python 对中观模型进行二次开发，实现自动增加停车场出入口、自动设置交叉口渠化信息和基于相位的信号控制机自动录入等高级应用，使模型工程师与外业调查和录入工作分离，同时提高模型的录入效率和精度。

（1）自动增加停车场出入口是指通过航拍或者其他出入口点位数据，自动增加中观模型的小区出入口。录入后深圳福田区中观模型的出入口分布如图 5-15 所示。

图 5-15　深圳福田区中观模型出入口分布图（2015 年数据）

（2）自动交叉口渠化信息设置是指将交叉口渠化信息，包括交叉口车道数、是否有展宽、各车道的转向信息等录入到中观现状模型中。通过现有交叉口数据、外业调查数据或者航拍数据等制作成 Excel 表格，并通过 Python 二次开发录入 VISUM（图 5-16）。

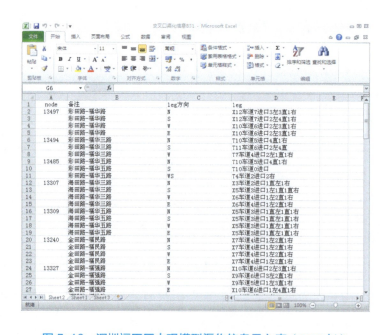

图 5-16　深圳福田区中观模型渠化信息录入表（2015 年）

（3）基于相位的信号控制机自动录入是指通过深圳市公安局交通警察局提供的信号配时方案数据，将早晚高峰的信号控制相位状态、相位数、配时方案编号、周期长度、配时及灯色方案，转换成 VISUM 的信号模板，借助 Python 二次开发技术与对应的路网节点关联并录入到系统中。深圳福田区现状中观模型的信号控制交叉口分布如图 5-17 所示（2015 年）。

图 5-17　深圳福田区中观现状模型信号控制交叉口分布

### 5.2.2　自动增加停车场出入口

对于城市一般出入口或者交叉口，读者若有比较标准的逻辑数据，可以通过程序接口将其快速转换至 VISUM 文件。本案例展示自动增加停车场出入口的功能。在 .ver 文件（案例 5.2 节增加停车场出入口案例 .ver）中已有在路侧的出入口节点（节点的"Name"属性值设置为"起点"），通过搜索与这些起点距离最近的路段并查找其垂足（注意：在运行程序前，要先在 .ver 文件中通过过滤器筛选出需要连接的路段类型，如主干路、次干路、支路和辅路等），然后利用"AddLink"功能将起点和垂足连起来，最后控制节点转向关闭"左转"的功能。实现此功能的具体程序如下。

**案例 5.4："addchurukou.py"，增加停车场出入口。**

```
#coding=utf-8 # 含中文字符开头增加 utf-8 格式声明
import re
import sys, win32com.client
import xlrd # 读入 Excel 表格
Visum=win32com.client.Dispatch("Visum.Visum.210")
filename="E:\\VISUM 和 Python 在城市宏中观交通模型的应用实践 \\ 第 5 章 Python 高级
```

开发案例 \\.ver 文件 \\ 案例 5.2 节增加停车场出入口案例 .ver"　# 注意根据实际情况更改文件路径

```python
Visum.LoadVersion(filename)
Imatcher=Visum.Net.CreateMapMatcher()
def getFootPoint(x0,y0,x1,y1,x2,y2): # 获取垂足点的坐标，输入起点坐标、路段两端的坐标
    k=-((x1-x0)*(x2-x1)+(y1-y0)*(y2-y1))/((x2-x1)**2+(y2-y1)**2)*1.0
    xn=k*(x2-x1)+x1
    yn=k*(y2-y1)+y1
    return(xn,yn)
max=1 # 增加点的初始编号
max_link=1 # 增加线段的初始编号
qidian=[] # 获取 .ver 文件出入口起点编号
for node in Visum.Net.Nodes:
    if node.AttValue("Name")==" 起点 ":
        qidian.append(node.AttValue("No"))
    if node.AttValue("No")>max:
        max=node.AttValue("No")
for num in qidian: # 遍历需要增加的起点
    max=max+1 # 节点编号 +1
    max_link=max_link+1 # 路段编号 +1
    node=Visum.Net.Nodes.ItemByKey(num) # 获取起点的节点对象
    point_x=node.AttValue("Xcoord")
    point_y=node.AttValue("Ycoord")
    nearlink=Imatcher.GetNearestLink(point_x, point_y, 300, True) # 获取距离节点最近的路段
    link_no=nearlink.Link.AttValue("No") # 获取距离节点最近路段的编号
    link_from_node_no =nearlink.Link.AttValue("FromNodeNo") # 获取距离节点最近路段的起点编号
    link_from_node=Visum.Net.Nodes.ItemByKey(link_from_node_no) # 获取距离节点最近路段的起点对象
    link_to_node_no=nearlink.Link.AttValue("ToNodeNo") # 获取距离节点最近路段的终点
```

编号

　　link_to_node=Visum.Net.Nodes.ItemByKey(link_to_node_no) # 获取距离节点最近路段的终点对象

　　chuizu_x,chuizu_y=getFootPoint(point_x,point_y,link_from_node.AttValue("Xcoord"),link_from_node.AttValue("Ycoord"),link_to_node.AttValue("Xcoord"),link_to_node.AttValue("Ycoord"))

　　node_obj_chuizu=Visum.Net.AddNode(max,chuizu_x,chuizu_y)

　　node_obj_chuizu.SetAttValue("NAME"," 垂足点 ")

　　link_1=Visum.Net.Links.ItemByKey(link_from_node_no,link_to_node_no)

　　link_2=Visum.Net.Links.ItemByKey(link_to_node_no,link_from_node_no)

　　Visum.Net.Links.SplitViaNode(int(nearlink.Link.AttValue("FromNodeNo")), int(nearlink.Link.AttValue("ToNodeNo")), node_obj_chuizu) # 按垂足点拆分路段

　　link_none=True # 判断成功则增加线段的标识

　　if not Visum.Net.Links.LinkExistsByKey(node,node_obj_chuizu): # 判断线段是否存在，如不存在则执行下面的语句

　　　　while link_none:

　　　　　　try:

　　　　　　　　link_3=Visum.Net.AddLink(max_link,node,node_obj_chuizu,"18") # 新增从起点到垂足的线路

　　　　　　　　link_none=False

　　　　　　except:

　　　　　　　　max_link=max_link+1 # 程序易出错的主要原因之一是编号重复，注意此处编号应加1

　　　　　　if int(link_1.AttValue("TypeNo"))>= 6 and int(link_1.AttValue("TypeNo")) <= 24: # 如果等级为主干路或以上，设置禁止左转和调头

　　　　　　　　for i in node_obj_chuizu.ViaNodeTurns:

　　　　　　　　　　if (int(i.AttValue("FromLinkNo"))==int(max_link) or int(i.AttValue("ToLinkNo"))==int(max_link)) and i.AttValue("TypeNo")==3:

　　　　　　　　　　　　i.SetAttValue("TSysSet",' ')

　　　　　　　　　　if int (i.AttValue ("FromNodeNo"))==int (i.AttValue ("ToNodeNo")) and i.AttValue("TypeNo")==4:

　　　i.SetAttValue("TSysSet",' ')

### 5.2.3　自动设置交叉口渠化信息

城市道路上一般交叉口的设计是典型的，本节介绍首先将一定的进出口的设置标准做成 VISUM 的分支模板，然后关联具体交叉口的衔接路段与其对应的分支模块，即可将交叉口渠化信息录入到 VISUM 当中。本案例展示自动交叉口渠化设置功能，使用的文件为"案例 5.2 节自动渠化出入口案例 .ver"。

第一步：选取部分典型的交叉口建立分支模版数据库。具体步骤为：在对应交叉口的分支，按照左转、直行、右转车道等设置渠化 –> 鼠标右键点击对应的"分支属性栏" –> 点击"分支模块的定义" –> 填入模块的名字 –> 点击"确定"（图 5-18）。在模块的命名规则方面，笔者通常用"T"表示字交叉口，接着用"*车道*进口*左*右"表示交叉口的分支情况，其中 * 是阿拉伯数字，例如"T5 车道 3 进口 2 左 1 右"，表示该方向的进出口共有 5 个车道，其中有 3 个进口车道、2 个左转车道、1 个右转车道，因为在 VISUM 中丁字交叉口仅有左、右两个出口方向，有时候直行用右转表示；用"X"表示十字交叉口，接着用"*车道*进口*左*直*右"或者"*车道*进口*左直*直*直右"等表示交叉口的分支情况。

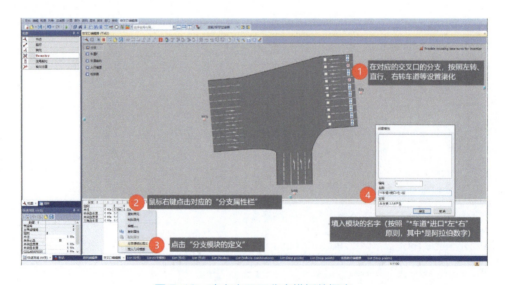

图 5-18　建立交叉口分支模板数据库

第二步：将定义好的分支模块另存为 .net 文件。其步骤为：点击"文件" –> 点击"Save file as" –> 点击"路网" –> 点击"Uncheck all tables"（清空选择，不需要录入其他元素） –>

仅需要点击"车道模块""分支模块"和"分支模块元素"–> 点击"确定"（保存为"渠化模板.net"文件）（图5-19）。

图 5-19　保存渠化模板文件

第三步：.ver 文件附加读取"渠化模板.net"文件。在读入"渠化模板.net"文件前请先删除.ver 文件内原有的模版（点击"列表"–>"私人交通"–> 分别点击"分支模板"和"车道模板"–> 全选并鼠标右击"删除"）。附加读取"渠化模板.net"文件步骤为：点击"文件"–>"打开文件"–> 点击"路网"–> 选择设置保存好的"渠化模板.net"–> 点击"附加读取路网文件"–> 勾选"车道模块""分支模块"和"分支模块元素"–> 点击"确定"（图 5-20）。读者完成录入"渠化模板.net"文件后将 VISUM 文件另存为"案例 5.2 节自动渠化出入口案例(录入 net).ver"。

图 5-20　附加读取分支模块模板

第三步：程序读入各交叉口的分支模块。程序首先从 Excel 文件（案例的"quhuatem_chuang.xls"）读入交叉口分支的信息（包含节点编号、方向、渠化模块名称和备注），然后循环遍历交叉口分支并将当前节点编号和方向的分支通过渠化模块名称关联到 .ver 文件中设置好的渠化模块。没有成功录入到 .ver 文件的交叉口的分支信息写入"fail_quhuatem.xls"，以便审查问题并修改错误。

**案例 5.5：quhua.py，自动渠化出入口。**

```python
#coding=utf-8 # 含中文字符,开头增加 utf-8 格式声明
import sys,win32com.client
import xlrd  # 读入 Excel 模块
import xlwt  # 写入 Excel 模块
Visum=win32com.client.Dispatch("Visum.Visum.210")
filename="E:\\VISUM 和 Python 在城市宏中观交通模型的应用实践 \\第 5 章 Python 高级开发案例 \\.ver 文件 \\ 案例 5.2 节自动渠化出入口案例(录入 net).ver" # 注意根据实际情况更改文件路径
Visum.LoadVersion(filename)
workbook=xlrd.open_workbook("E:\\quhuatem_chuang.xls")    # 读取渠化表信息,注意记得更改文件路径
sheet1=workbook.sheets()[0]
def apply_template(node_num,direction,template_num): # 应用渠化模板
    panduan_fail=True
    direction_adict= {5:"E",4:"ENE",6:"ES",1:"N",3:"NE",2:"NNE",16:"NNW",15:"NW",9:"S",7:"SE",8:"SSE",10:"SSW",11:"SW",0:"U",13:"W",14:"WNW",12:"WSW"} #构建字典,键(key)是编号,值(value)是方向,与 VISUM 内置的编号和方向一致,如 "N" 为正北方向,编号是 1
    leg_template=Visum.Net.LegTemplates.ItemByKey(int(template_num)) # 选择合适的分支模块
    node_obj = Visum.Net.Nodes.ItemByKey(node_num)
    biaojirection=node_obj.AttValue("Name")
    node_obj.SetAttValue("Code", "new_add")
    aGeometry=node_obj.Geometry
```

```python
        alegs=aGeometry.Legs  # 获取分支对象
        for leg_obj in alegs:
            if direction==direction_adict[leg_obj.AttValue("Orientation")]:
                if leg_obj.IsApplicable(leg_template):
                    leg_obj.ApplyTemplate(leg_template)
                    biaojirection=biaojirection+direction
                    node_obj.SetAttValue("Name",biaojirection)
                    panduan_fail=False
    return panduan_fail
def fail_write(no,num_line,fail_reason):  # 写入失败则录入信息到 Excel 文件中
    ws.write(no,0,sheet1.cell(num_line,0).value)
    ws.write(no,1,sheet1.cell(num_line,1).value)
    ws.write(no,2,sheet1.cell(num_line,2).value)
    ws.write(no,3,sheet1.cell(num_line,3).value)
    ws.write(no,4,fail_reason)
wb=xlwt.Workbook()
ws=wb.add_sheet('sheet 1')
num_fail=0
fail_write(num_fail,0," 失败原因 ")  # 将 Excel 文件的第一栏标题命名为 " 失败原因 "
num_fail=num_fail+1
legList=Visum.Lists.CreateLegTemplateList  # 创建分支模块列表
legList.AddColumn("NO")  # 增加分支模块列表 NO 字段
legList.AddColumn("Name")  # 增加分支模块列表 Name 字段
data = legList.SaveToArray()  # 转换为数据
for rownum in range(sheet1.nrows-1):  # 主程序 , 遍历 quhuatem_chuang.xls 中交叉口渠化信息
    n_num=int(sheet1.cell(rownum+1,0).value)  #n_num 表示节点数量
    dire=sheet1.cell(rownum+1,1).value  #direction 表示方向
    tem_name=sheet1.cell(rownum+1,2).value  #template_name 表示模块名称
    if Visum.Net.Nodes.NodeExistsByKey(n_num):  # 匹配节点中的编号 , 若不存在 , 返回编号
```

值；若存在，添加模块

```python
        node_obj=Visum.Net.Nodes.ItemByKey(n_num)
        panduan=True
        if node_obj.AttValue("NumLegs")<3: # 分支数量小于 2 时不录入
            print("fail:have node",n_num,",but legs=", node_obj.AttValue("NumLegs"))
            fail_write(num_fail,rownum+1,"fail:have node but legs="+str(node_obj.AttValue("NumLegs")))
            num_fail=num_fail+1
        else:
            tem_num=0
            for i in data: # 将模块名称和编号对应
                if i[1]==tem_name:
                    tem_num=i[0]
                    panduan=apply_template(n_num,dire,tem_num) # 应用渠化模块
                    if not panduan:
                        print("success",n_num,dire,tem_num,tem_name)
                        break # 成功应用退出
            if tem_num==0:
                print("fail,have not suit legtemplate",n_num, dire, tem_name)
                fail_reson="fail,have not suit legtemplate"
            if panduan and tem_num==0:
                fail_write(num_fail,rownum+1,fail_reson)
                num_fail=num_fail+1
    else:
        print("fail,no node",n_num)
        fail_reson = "fail,no node"
        fail_write(num_fail,rownum+1,fail_reson)
        num_fail=num_fail+1
wb.save('fail_quhuatem.xls') # 将渠化失败的节点和原因写进 Excel 文件，该文件保存在代码路径
```

## 5.2.4 基于相位的信号控制机自动录入

### 1. VISUM 信号模版设置

本节自动信号控制机录入采用 2.2.2 节中基于相位的信号控制方法。自动录入方法可以大致分为两个步骤：①基于交警的信号灯系统或交通调查的数据，生成 VISUM 系统可识别的信号控制机模板（简称"信号模板"）；②将交叉口与其对应的信号模板进行关联。在 VISUM12.5 版默认 .ver 文件里提供了 8 个基本的信号模板，其中编号 301～304 为 3 路交叉口（丁字交叉口）信号模板（图 5-21），编号 401～404 为 4 路交叉口（十字交叉口）信号模板（图 5-22）。

| 编号 (No) | 名称 (Name) | 相位1 (Stage 1) | 相位2 (Stage 2) | 相位3 (Stage 3) |
|---|---|---|---|---|
| 301 | 三相位(1左右/2左右/3左右)<br>英文：3P(1LR/2LR/3LR) | | | |
| 302 | 二相位（1左右3左右/2左右）<br>英文：2P(1LR3LR/2LR) | | | |
| 303 | 三相位（1左右3左右/2右3左右/1右2左右）<br>英文：3P(1LR3R/2R3LR/1R2LR) | | | |
| 304 | 二相位（1左右3左右/1右2左右）<br>英文：2P(1LR3LR/1R2LR) | | | |

图 5-21　VISUM 基于相位的 3 路交叉口（丁字交叉口）信号模板

注：VISUM 识别的信号模板名称为英文字符。

| 编号 (No) | 名称 (Name) | 相位1 (Stage 1) | 相位2 (Stage 2) | 相位3 (Stage 3) | 相位4 (Stage 4) |
|---|---|---|---|---|---|
| 401 | 四相位(1左直右/2左直右/3左直右/4左直右)<br>英文：4P(1LGR/2LGR/3LGR/4LGR) | | | | |
| 402 | 二相位（1左直右3左直右/2左直右4左直右)<br>英文：2P(1LGR3LGR/2LGR4LGR) | | | | |
| 403 | 三相位（1直右3直右/1左3左/2左直右4左直右)<br>英文：3P(1GR3GR/1L3L/2LGR4LGR) | | | | |
| 404 | 四相位（1直右3直右/1左3左/2左直右4左/2左4左)<br>英文：4P(1GR3GR/1L3L/2GR4GR/2L4L) | | | | |

图 5-22　VISUM 基于相位的 4 路交叉口（十字交叉口）信号模板

注：VISUM 识别的信号模板名称为英文字符。

基于相位的信号模板由以下4个部分组成（图5-23）：①相位模板（Stage Templates）；②相位模板元素（Stage Template Items）；③相位模板组（Stage Template Sets）；④相位模板组元素（Stage Template Set Items）。

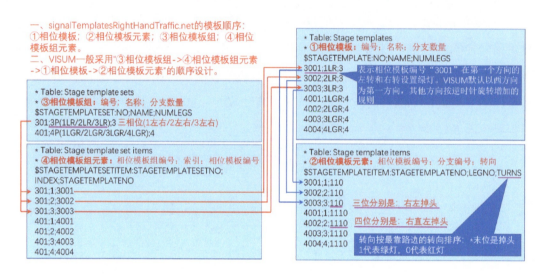

图 5-23　VISUM 基于相位的信号模板编码格式组成图

VISUM 一般采用"③相位模板组 –> ④相位模板组元素 –> ①相位模板 –> ②相位模板元素"的顺序设计，下面按顺序分别介绍：

（1）③相位模板组（Stage Template Sets）：该部分为相位模板的总体信息，包含"编号（No）；名称（Name）；分支数量（NumLeg）"的信息。笔者选该栏目第一行信息"301；3P（1LR/2LR/3LR）；3"（注意：双引号内的符号均为英文字符）为例进行介绍，其中编号"301"中的"3"表示3路交叉口、"01"表示方案编号顺序；名称"3P（1LR/2LR/3LR）"的"3P"表示3个信号相位、"（1LR/2LR/3LR）"表示3个信号相位对应的状态设置（注："/"用于划分信号相位，最左边的整个"1LR"为第一个相位，其中的"1"表示第一个方向，笔者建议采用VISUM 默认设置，以西方向为第一方向，其他方向按逆时针旋转增加的规则）、"LR"分别表示左转和右转（由于该丁字交叉口西方向只有两个方向转向，在该处左转表示直行的通行，右转仍然表示右转的通行）；分支数量"3"表示该相位模板适用分支数量为3的交叉口。

（2）④相位模板组元素（Stage Template Set Items）：该部分为相位模板组对应的相位分支的信息，包含"相位模板组编号（Stage Templateset No）；索引（Index）；相位模板（Stage Templates）"的信息。因为相位模板组的案例"301；3P（1LR/2LR/3LR）；3"表示编号为 301 的相位模板包含 3 个分支（最后一个"3"表示分支数量），所以在相位模板组元素（Stage Template Set Items）中有 3 行数据，其中相位模板组编号（Stage Templateset Set No）均为"301"，而索引（Index）分别为"1""2""3"，相位模板编号（Stage Templates No）分别为"3001""3002"和"3003"。

（3）①相位模板（Stage Templates）：该部分为交叉口分支对应的相位模板，包含"编号（No）；名称（Name）；分支数量（NumLeg）"的信息。此处编号（No）与"④相位模板组元素（Stage Template Set Items）"的相位模板编号（Stage Templates No）相对应，然后名称（Name）分别与"1LR/2LR/3LR"对应（即"3001"对应"1LR"，"3002"对应"2LR"，"3003"对应"3LR"）。"3001"对应"1LR"表示相位模板编号"3001"在第一个方向的左转和右转设置绿灯。

（4）②相位模板元素（Stage Template Items）：该部分为相位模板对应的具体元素，包含"相位模板编号（Stage Templates No）、分支编号（Leg No）和转向（Turns）"的信息。此处的相位模板编号（Stage Templates No）与"①相位模板（Stage Templates）"的相位模板编号（Stage Templates No）相对应（如"3001"），分支编号（Leg No）（如"1"）与名称（Name）的数字（"1LR"的"1"）相对应。转向（Turns）用于设置转向的信号灯状态（如"3001；1；110"表示相位模板编号"3001"在第一个方向的转向信号灯设置状态为"110"，从左往右第 1 个位置"1"表示"右转"绿灯、第 2 个位置"1"表示"左转"绿灯、第 3 个位置"0"表示"掉头"红灯）（图 5-23）。

**2. 程序生成信号模块文件（.net）**

本案例使用的 .ver 文件为"案例 5.2 节基于相位的信号控制机自动录入案例 .ver"。程序首先按照交警系统数据或交通调查数据，将信号灯的信息和节点顺序整理成表格，然后生成 VISUM 的可识别的模板文件（如 .net 文件）。

第一步：本案例提供的"xinhao.xls"文件即为录入的 Excel 模板，其中，"节点编号"为 VISUM 中 .ver 文件的节点编号；"信号模板名称"（即基于相位的信号控制机模板名称）不需要手动输入（待运行模型后生成"信号模板"再拷贝即可），"主要方向"为信号组成中"1"所对应的方向（其他数字按顺时针方向递进）；"周期"为信号周期总时间长度，单位为秒，括号内为每一个相位绿灯总间隔时间，包含黄灯时间；"分支数量"表明其用于几路交叉口，"全红时间"为所有方向的机动车信号灯均设置为红灯的时间，单位为秒，"备注"供读者自行记录其他信息（注意：程序不录入该信息）（图 5-24）。

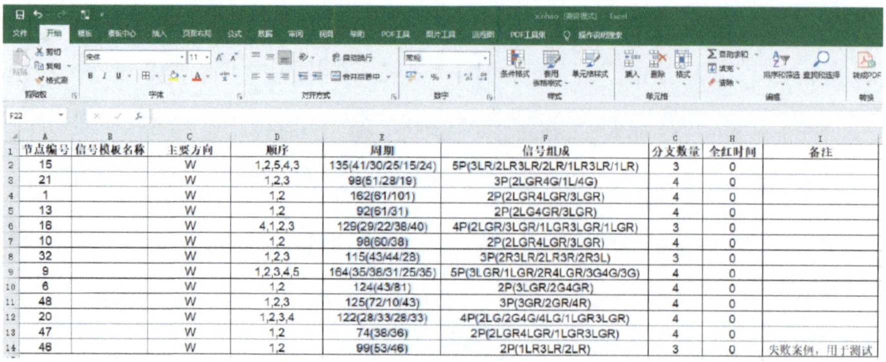

| 节点编号 | 信号模板名称 | 主要方向 | 顺序 | 周期 | 信号组成 | 分支数量 | 全红时间 | 备注 |
|---|---|---|---|---|---|---|---|---|
| 15 | | W | 1,2,5,4,3 | 135(41/30/25/15/24) | 5P(3LR/2LR3LR/2LR/1LR3LR/1LR) | 3 | 0 | |
| 21 | | W | 1,2,3 | 98(51/28/19) | 3P(2LGR4G/1L/4G) | 4 | 0 | |
| 1 | | W | 1,2 | 162(61/101) | 2P(2LGR4LGR/3LGR) | 4 | 0 | |
| 13 | | W | 1,2 | 92(61/31) | 2P(2LG4GR/3LGR) | 4 | 0 | |
| 16 | | W | 4,1,2,3 | 129(29/22/38/40) | 4P(2LGR/3LGR/1LGR3LGR/1LGR) | 3 | 0 | |
| 10 | | W | 1,2 | 98(60/38) | 2P(2LGR4LGR/3LGR) | 4 | 0 | |
| 32 | | W | 1,2,3 | 115(43/44/28) | 3P(2R3LR/2LR3R/2R3L) | 3 | 0 | |
| 9 | | W | 1,2,3,4,5 | 164(35/38/31/25/35) | 5P(3LGR/1LGR/2R4LGR/3G4G/3G) | 4 | 0 | |
| 6 | | W | 1,2 | 124(43/81) | 2P(3LGR/2G4GR) | 4 | 0 | |
| 48 | | W | 1,2,3 | 125(72/10/43) | 3P(3GR/2GR/4R) | 4 | 0 | |
| 20 | | W | 1,2,3,4 | 122(28/33/28/33) | 4P(2LG/2G4G/4LG/1LGR3LGR) | 4 | 0 | |
| 47 | | W | 1,2 | 74(38/36) | 2P(2LGR4LGR/1LGR3LGR) | 4 | 0 | |
| 46 | | W | 1,2 | 99(53/46) | 2P(1LR3LR/2LR) | 3 | 0 | 失败案例，用于测试 |

图 5-24　基于相位的信号模板录入 Excel 文件

第二步：程序按照“xinhao.xls”和“案例 5.2 节基于相位的信号控制机自动录入案例.ver”，基于默认的“signalTemplatesRightHandTraffic.net”生成“test_numandname.net”文件（基于相位的信号控制机模板的网络文件）。

**案例 5.6：“readandwrite_xinhaotemplate.py”，读写基于相位的信号模板。**

```
#coding=utf-8 # 含中文字符，开头增加 utf-8 格式声明
import re
import sys, win32com.client
import xlrd  # 读入 Excel 表格
import xlwt
Visum = win32com.client.Dispatch("Visum.Visum.210")
filename="D:\\ 案例 5.2 节基于相位的信号控制机自动录入案例 .ver" # 注意根据实际情况更改文件路径
Visum.LoadVersion(filename)
# 为使数据格式更清晰，以下主要按照 .net 文件格式定义类
class STAGETEMPLATE: # 定义类：①相位模板 (Stage Templates)
    STAGETEMPLATESETNO=' '
    NAME=' '
    NUMLEGS=' '
class STAGETEMPLATEITEM: # 定义类：②相位模板元素 (Stage Template Items)
    STAGETEMPLATENO=' '
    LEGNO=' '
    TURNS=' '
```

```python
class STAGETEMPLATESET: # 定义类：③相位模板组 (Stage Template Sets)
    NO=' '
    NAME=' '
    NUMLEGS=' '
class STAGETEMPLATESETITEM: # 定义类：相位模板组元素 (Stage Template SetItems)
    STAGETEMPLATESETNO = ' '
    INDEX = ' '
    STAGETEMPLATENO = ' '
# 以下语句读入 VISUM12.5 自带模板格式
file_object = open("E:\\VISUM 和 Python 在城市宏中观交通模型的应用实践 \\ 第 5 章 Python 高级开发案例 \\ 其他输入输出文件 \\signalTemplatesRightHandTraffic.net") # 打开 .net 文件，注意根据实际情况更改文件路径
try:
    done = 0
    bflag=False
    icount_fuhao=0
    classname=' '
    lSTAGETEMPLATE=[] # 创建 4 个列表，用于读取已有 .net 文件的模板信息和新增的模板信息
    lSTAGETEMPLATEITEM=[]
    lSTAGETEMPLATESET=[]
    lSTAGETEMPLATESETITEM=[]
    kaitou_bianhao=0
    kaitou=" "
    while not done:
        aLine=file_object.readline() # 打开 .net 文件，并按行读入
        if kaitou_bianhao==0:
            kaitou=kaitou+aLine
        if (aLine !=' '):
            if(aLine=='\n'):
                bflag=False
```

```python
        continue
    if (aLine[0]=="$"):
        icount_fuhao=icount_fuhao+1
        if (icount_fuhao>=3):
            kaitou_bianhao=1
            temp=aLine[1:].split(":")
            classname=temp[0]
            bflag=True
            continue
    elif (bflag==True): #分别读入4个类,并添加4个列表
        if classname=="STAGETEMPLATE":
            temp=aLine.split(";")
            pClass=STAGETEMPLATE()
            pClass.NO=temp[0]
            pClass.NAME=temp[1]
            pClass.NUMLEGS=temp[2]
            lSTAGETEMPLATE.append(pClass)
        elif classname=="STAGETEMPLATEITEM":
            temp=aLine.split(";")
            pClass=STAGETEMPLATESETITEM()
            pClass.STAGETEMPLATENO=temp[0]
            pClass.LEGNO=temp[1]
            pClass.TURNS=temp[2]
            lSTAGETEMPLATEITEM.append(pClass)
        elif classname=="STAGETEMPLATESET":
            temp=aLine.split(";")
            pClass=STAGETEMPLATESET()
            pClass.NO=temp[0]
            pClass.NAME=temp[1]
            pClass.NUMLEGS=temp[2]
            lSTAGETEMPLATESET.append(pClass)
```

```
            elif classname=="STAGETEMPLATESETITEM":
                temp=aLine.split(";")
                pClass=STAGETEMPLATESETITEM()
                pClass.STAGETEMPLATESETNO=temp[0]
                pClass.INDEX=temp[1]
                pClass.STAGETEMPLATENO=temp[2]
                lSTAGETEMPLATESETITEM.append(pClass)
            else:
                continue
    else:
        done=1
finally:
    file_object.close()  # 关闭文件
```

```
def check_STAGETEMPLATESET(xinhaotemplate_name):  # 检查③相位模板组(Stage Template Sets)的名称是否存在，若"是"则不新增，若"否"则新增
    xinhaotemplate_name=buchong_STAGETEMPLATESET(xinhaotemplate_name,xinhao_zucheng)
    return xinhaotemplate_name
def buchong_STAGETEMPLATE(name):  # 新增①相位模板(Stage Templates)
    aa=0
    for i in lSTAGETEMPLATE:
        if i.NAME==name and i.NUMLEGS[0]==str(int(fenzhi_num)):
            aa=1
            temp_no=i.NO
    if aa==0:
        max=0
        cc=0
        for i in lSTAGETEMPLATE:
            if int(i.NUMLEGS) ==int(fenzhi_num) and int(i.NO)>max:
                max=int(i.NO)
```

```python
            cc=1
        if cc==0:
            temp_no=str(int(fenzhi_num)*1000+1)
        if cc==1:
            temp_no=str(max+1)
        pClass=STAGETEMPLATE()
        pClass.NO=temp_no
        pClass.NAME=name
        pClass.NUMLEGS=str(int(fenzhi_num))+"\n"
        lSTAGETEMPLATE.append(pClass)
        buchong_STAGETEMPLATEITEM(pClass)
    return temp_no
def buchong_STAGETEMPLATESETITEM(lClass): # 新增④相位模板组元素 (Stage Template Set Items)
    temp_name=(lClass.NAME[lClass.NAME.find("(")+ 1:lClass.NAME.find(")")]).split("/")
    for i in range(int(lClass.NAME[0])):
        pClass=STAGETEMPLATESETITEM()
        pClass.STAGETEMPLATESETNO=lClass.NO
        pClass.INDEX=str(i+1)
        pClass.STAGETEMPLATENO=buchong_STAGETEMPLATE(temp_name[i])+"\n"
        lSTAGETEMPLATESETITEM.append(pClass)
def buchong_STAGETEMPLATESET(xinhao_num,zucheng_name): #新增③相位模板组(Stage Template Sets)
    panduan_no=0
    for i in lSTAGETEMPLATESET:
        if zucheng_name==i.NAME:
            return i.NO
    if panduan_no==0:
        max=0
        cc=0
        for i in lSTAGETEMPLATESET:
```

```python
            if int(i.NO[0])==int(fenzhi_num) and int(i.NO)>max:
                max=int(i.NO)
                cc=1
        if cc == 0:
            xinhao_num=str(int(fenzhi_num)*100+1)
        if cc==1:
            xinhao_num=str(max+1)
        pClass=STAGETEMPLATESET()
        pClass.NO=xinhao_num
        pClass.NAME=zucheng_name
        pClass.NUMLEGS=xinhao_num[0]+"\n"
        lSTAGETEMPLATESET.append(pClass)
        buchong_STAGETEMPLATESETITEM(pClass)
        return xinhao_num
def buchong_STAGETEMPLATEITEM(lClass): # 新增②相位模板元素 (Stage Template Items)
    temp=re.split('(\d+)',lClass.NAME)
    for i in range(int((len(temp)-1)/2)):# 为避免循环锁死，建议 int 函数里增加独立的变量
        pClass=STAGETEMPLATEITEM()
        pClass.STAGETEMPLATENO=lClass.NO
        pClass.LEGNO=temp[2*i+1]
        if int(lClass.NUMLEGS)==3:
            a1="0"
            a2="0"
            if "L" in temp[2*i+2]:
                a1 = "1"
            if "R" in temp[2*i+2]:
                a2= "1"
            if "G" in temp[2*i+2]:
                if "L" in temp[2*i+2]:
                    a2="1"
            if "L" not in temp[2*i+2] and "R" not in temp[2*i+2] and "G" not in temp[2*i+2]:
```

```
                print("fail:the template have problem",n_num,n_leg,pClass.STAGETEMPLATENO,
pClass.LEGNO)
                pClass.TURNS=a2+a1+"0"+"\n"  # 按右转、左转和掉头的顺序
            elif int(lClass.NUMLEGS)==4:
                if "L" in temp[2*i+2]:
                    a1="1"
                else: a1="0"
                if "G" in temp[2*i+2]:
                    a2="1"
                else:a2="0"
                if "R" in temp[2*i+2]:
                    a3="1"
                else: a3="0"
                pClass.TURNS=a3+a2+a1+"0"+"\n"  # 按右转、直行、左转和掉头的顺序
            lSTAGETEMPLATEITEM.append(pClass)
# 主程序
workbook=xlrd.open_workbook('E:\\xinhao.xls')  # 读取 Excel 表格，请根据实际情况更改文件路径
sheet3=workbook.sheets()[0]
workbook=xlwt.Workbook()
sheet=workbook.add_sheet('sheet 1')
workbook.save('test_num.xls')

for rownum in range(sheet3.nrows-1):
    n_num=int(sheet3.cell(rownum+1,0).value)
    xinhao_name=sheet3.cell(rownum+1,1).value
    direction_main=sheet3.cell(rownum+1,2).value
    shunxu_xiangwei=sheet3.cell(rownum+1,3).value
    zhouqi_time=sheet3.cell(rownum+1,4).value
    xinhao_zucheng=sheet3.cell(rownum+1,5).value
```

```python
        fenzhi_num=sheet3.cell(rownum+1,6).value
        aa=1
        if Visum.Net.Nodes.NodeExistsByKey(n_num):  # 匹配节点中的编号，若不存在，返回值；若存在，添加模板
            node_obj=Visum.Net.Nodes.ItemByKey(n_num)
            n_leg=node_obj.AttValue("NumLegs")
            if int(fenzhi_num)<2:
                aa=1
                print("fail:the leg<3","n_num=",n_num,"fenzhi_num=",fenzhi_num)
            elif int(xinhao_zucheng[0])!= xinhao_zucheng.count("/")+1:
                print("fail:xiangwei and  num not equal",xinhao_zucheng,"but num =", xinhao_zucheng.count("/")+1)
            else:
                if xinhao_name!=" ":
                    xinhao_name=check_STAGETEMPLATESET(xinhao_name)
                    sheet.write(rownum + 1,1,xinhao_name)
                elif xinhao_name==" ":
                    xinhao_name=buchong_STAGETEMPLATESET(xinhao_name, xinhao_zucheng)
                    sheet.write(rownum+1,1,xinhao_name)
        else:
            print("fail:ptv no node=",n_num)
workbook.save('test_num.xls')


file_object=open('H:\\book\\pythonfileforptv\\test_numandname.net','w')  # 打开 .net 文件，请根据实际情况更改文件路径
try:
    file_object.write(kaitou)
    for i in lSTAGETEMPLATE:
        temp=str(i.NO)+";"+str(i.NAME)+";"+str(i.NUMLEGS)
```

```
        print(temp)
        file_object.write(temp)
    file_object.write("\n*\n*Table: Stage templates\n*\n$STAGETEMPLATEITEM:STAGETEMPLATENO;LEGNO;TURNS\n")
    for i in lSTAGETEMPLATEITEM:
        temp=str(i.STAGETEMPLATENO)+";"+str(i.LEGNO)+";"+str(i.TURNS)
        print(temp)
        file_object.write(temp)
    file_object.write("\n*\n* Table: Stage template sets\n*\n$STAGETEMPLATESET:NO;NAME;NUMLEGS\n")
    for i in lSTAGETEMPLATESET:
        temp=str(i.NO)+";"+str(i.NAME)+";"+str(i.NUMLEGS)
        print(temp)
        file_object.write(temp)
    file_object.write("\n*\n*Table: Stage template set items\n*\n$STAGETEMPLATESETITEM:STAGETEMPLATESETNO;INDEX;STAGETEMPLATENO\n")
    for i in lSTAGETEMPLATESETITEM:temp=str(i.STAGETEMPLATESETNO)+";"+str(i.INDEX)+";"+str(i.STAGETEMPLATENO)
        print(temp)
        file_object.write(temp)
finally:
    file_object.close() # 文件关闭
```

### 3. 程序应用信号控制机模板

第一步：.ver 文件附加读取信号模板。其步骤为：打开"案例 5.2 节基于相位的信号控制机自动录入案例 .ver"—> 点击"文件"—> "打开文件"—> 点击"路网"—> 选择"test_numandname.net"（信号模板的网络文件）（或将生成的"test_numandname.net"拖进 .ver 文件）—> 勾选"附加读取路网文件"—> 勾选"相位""相位模板元素""相位模板组""相位模板组元素"（处理冲突可选"忽略"，但后续若出错需要检查模板设置是否有问题）（图 5-25）。

图 5-25 附加读取生成的信号模板文件步骤

"附加读取"后，下一步将 .ver 另存为"案例 5.2 节基于相位的信号控制机自动录入案例 2.ver"（防止文件中途出错，导致原文件被覆盖）。同时由于生成 .net 的文件中，同时将生成的信号模板的名称记录在"test_num.xls"。读者此时需打开"test_num.xls"，将"信号模板的名称"复制到原来的"xinhao.xls"所对应的列并保存（用于使信号模板名称与节点编号产生关联）。

最后一步运行程序，即可将关联节点的信号模板录入到 .ver 文件里，同时失败的信号模板和原因将写入"fail_quhuatem.xls"。

**案例 5.7：xinhao.py，将关联节点的信号模板录入到 .ver 文件。**

#coding=utf-8 # 含中文字符开头增加 utf-8 格式声明

import sys

import win32com.client

import xlrd # 读入 Excel 表格,quhuakou 表格为交叉口的渠化信息,quhuatem_name 为渠化名称与编号对应表

import xlwt

Visum=win32com.client.Dispatch("Visum.Visum.210")

filename="E:\\VISUM 和 Python 在城市宏中观交通模型的应用实践 \\ 第 5 章 Python 高级开发案例 \\.ver 文件 \\ 案例 5.2 节基于相位的信号控制机自动录入案例 2.ver" 请注意根据实际情况修改案例路径

Visum.LoadVersion(filename)

```python
workbook = xlrd.open_workbook("E:\\VISUM 和 Python 在城市宏中观交通模型的应用实践\\第 5 章 Python 高级开发案例\\其他输入输出文件\\xinhao.xls") # 读取信号，读者记得修改文件路径
sheet3=workbook.sheets()[0]
wb=xlwt.Workbook()
ws=wb.add_sheet('sheet 1')

def apply_xinhaotemplate(node_num,xinhaotemplate_name,direction_m,shunxu,stage_time,all_red_time): # 应用信号模板
    direction_adict = {5:"E",4:"ENE",6:"ES",1:"N",1:"N",3:"NE",2:"NNE",16:"NNW",15:"NW",9:"S",7:"SE",8:"SSE",10:"SSW",11:"SW",0:"U",13:"W",14:"WNW",12:"WSW"} # 构建字典，键(key)是编号，值(value)是方向，与VLSUM内置的编号和方向一致，如 "N" 为正北方向，编号是1
    fail=True # 初始失败的标记，默认出错
    yuanyin_applyxinhao=""
    try:
        Visum.Net.AddSignalControl(node_num) # 按节点编号增加信号控制机
        xinhaotem_obj=Visum.Net.SignalControls.ItemByKey(node_num) # 获取信号控制机对象（编号=节点编号）
    except:
        xinhaotem_obj=Visum.Net.SignalControls.ItemByKey(node_num) # 若已存在该信号控制机，直接获取对象
    xinhaotem_obj.SetAttValue("SignalizationType","SIGNALIZATIONSTAGEBASED") # 设置基于相位
    xinhaotem_obj.SetAttValue("Name",xinhaotemplate_name) # 设置基于相位
    node_obj=Visum.Net.Nodes.ItemByKey(node_num) # 获取节点对象
    cycle_time=stage_time[:stage_time.find("(")] # 获取信号周期
    zhouqi_all=stage_time[stage_time.find("(")+1:stage_time.find(")")] # 获取整个周期
    startnode=None
    for i in node_obj.InLinks: # 匹配起点的节点编号
```

```python
            if direction_adict[i.AttValue("ToNodeOrientation")]==direction_m:
                startnode=i.AttValue("FromNodeNo")
        try:
            link_main=Visum.Net.Links.ItemByKey(startnode,node_obj) # 获取主要link(即初始的信号路段方向,默认是西方向)
        except:
            startnode=None # 如果出错,设置不存在
            yuanyin_applyxinhao="2 应用信号模块失败:存在错误,节点编号 ="+str(node_num)+ ",信号模块名称 ="+str(xinhaotemplate_nam)+ ",主要方向不符。"
        if startnode!=None: # 写入信号模板
            check=True # 设置检查是否成功的标识
            try:
                xinhaotem_obj.ApplyStageTemplateOnNode(int(xinhaotemplate_name), node_obj,link_main,shunxu) # 应用信号模板
                fail=False
            except:
                yuanyin_applyxinhao="2 应用信号模块失败:存在错误,可能相位顺序不对。节点编号 ="+ str（node_num）+", 信号模块名称 ="+ str（xinhaotemplate_name）
                check=False
            if check: # 如果应用信号模板成功,设置具体的周期时间
                try:
                    sum_time=0
                    temp_stage_time=[]
                    for i in range(str(shunxu).count(",") + 1): # 初始化信号相位的时间
                        stage_obj=Visum.Net.Stages.ItemByKey(xinhaotem_obj,i+1)
                        stage_obj.SetAttValue("GtStart",i*10+0)
                        stage_obj.SetAttValue("GtEnd",i*10+5)
                        sum_time=str(int(sum_time)+int(zhouqi_all.split('/')[i]))
                        temp_stage_time.append(sum_time)
                    xinhaotem_obj.SetAttValue("Cycletime",cycle_time) # 设置周期时间
```

```python
            for i in range(str(shunxu).count(",")+1): #修改信号相位的时间
                j=str(shunxu).count(",")-i
                stage_obj=Visum.Net.Stages.ItemByKey(xinhaotem_obj,j+1)
                if j>0:
                    if j==str(shunxu).count(","):
                        stage_obj.SetAttValue("GtEnd", int(temp_stage_time[j])-5-int(all_red_time))
                        stage_obj.SetAttValue("GtStart", int(temp_stage_time[j-1]))
                    else:
                        stage_obj.SetAttValue("GtEnd", int(temp_stage_time[j])-5),"zhongjian"
                        stage_obj.SetAttValue("GtStart", int(temp_stage_time[j-1]))
                else:
                    stage_obj.SetAttValue("GtStart",0)
                    stage_obj.SetAttValue("GtEnd",int(temp_stage_time[j]))
            print(" 成功：节点编号 =",str(node_num),"， 信号模块名称 =",str(xinhaotemplate_name))
        except:
            yuanyin_applyxinhao="2 应用信号模块失败：存在错误，信号周期各相位时间出错，节点编号 ="+ str(node_num)+"， 信号模块名称 ="+ str(xinhaotemplate_name)
        return fail,yuanyin_applyxinhao #返回是否成功的信息
num_fail=1
for rownum in range(sheet3.nrows-1):
    fail_xinhaotem=True
    n_num=int(sheet3.cell(rownum+1,0).value)
    xinhao_name=sheet3.cell(rownum+1,1).value
    direction_main=sheet3.cell(rownum+1,2).value
    shunxu_xiangwei = sheet3.cell(rownum+1,3).value
    zhouqi_time=sheet3.cell(rownum+1,4).value
    zucheng_xinhao=sheet3.cell(rownum+1,5).value
    fenzhi_num=sheet3.cell(rownum+1,6).value
    allred_time=sheet3.cell(rownum+1,7).value
```

if Visum.Net.Nodes.NodeExistsByKey(n_num): # 匹配节点中的编号，若不存在，返回值；若存在，添加模板

  node_obj=Visum.Net.Nodes.ItemByKey(n_num)

  n_leg=node_obj.AttValue("NumLegs")

  if n_leg<3:

    yuanyin="1 网络和录入本身失败：虽然有 "+str(n_num)+" 编号节点，但是分支数量 "+str(node_obj.AttValue("NumLegs"))+"，节点编号 "+str(n_num)+"，信号模块名字 "+str(xinhao_name)

  elif int(n_leg)!=int(str(xinhao_name)[0]):

    yuanyin="1 网络和录入本身失败:ver 的分支数量与输入信号的分支数量不相等,"+str(n_leg)+", 信号名称编号 ="+str(xinhao_name)+", 节点编号 ="+str(n_num)+", 信号模块名称 "+str(xinhao_name)

   elif (zucheng_xinhao.count("/")!=zhouqi_time.count("/")) or (zhouqi_time.count("/")!=str(shunxu_xiangwei).count(",")):

    yuanyin= "1 网络和录入本身失败：周期，顺序，相位数量不相等 "+ " 节点编号 "+str(n_num)+" 信号名称编号 ="+str(xinhao_name)

  else:

    fail_xinhaotem,yuanyin=apply_xinhaotemplate(n_num,xinhao_name,direction_main,shunxu_xiangwei,zhouqi_time,allred_time) # 应用信号模板

else:

  yuanyin=" 失败：没有该节点 :"+str(n_num)

if yuanyin!=" ":print(yuanyin) # 显示失败原因，成功的不显示

if fail_xinhaotem: # 如果失败，写入信号相位

  ws.write(num_fail+1,0, n_num)

  ws.write(num_fail+1,1,xinhao_name)

  ws.write(num_fail+1,2,direction_main)

  ws.write(num_fail+1,3,shunxu_xiangwei)

  ws.write(num_fail+1,4,zhouqi_time)

  ws.write(num_fail+1,5,zucheng_xinhao)

  ws.write(num_fail+1,6,fenzhi_num)

        ws.write(num_fail+1,7,allred_time)

        ws.write(num_fail+1,8,yuanyin)

        num_fail=num_fail+1
wb.save("E:\\VISUM 和 Python 在城市宏中观交通模型的应用实践 \\ 第 5 章 Python 高级开发案例 \\ 其他输入输出文件 \\fail_xinhao.xls") # 失败信号写入 Excel 文件，请根据实际情况修改路径

# 参 考 文 献
## REFERENCES

[1] 王炜，陈学武．交通规划 [M]．2 版．北京：人民交通出版社股份有限公司，2017.

[2] 大卫·博依斯，胡·威廉姆斯．城市出行预测学：历史现状与未来 [M]．宇恒可持续交通研究中心，译．北京：人民交通出版社股份有限公司，2021.

[3] 文国玮．城市交通与道路系统规划（2013 版）[M]．北京：清华大学出版社，2013.

[4] 迈克尔·D. 迈耶，埃里克·J. 米勒．城市交通规划 [M]．杨孝宽，译．北京：中国建筑工业出版社，2008.

[5] E. WEINER Urban Transportation Planning in the United Statesd.History，Policy，and Practice：Fifth Edition [M]. Springer International Publishing Switzerland，2016.

[6] 李锋，段仲渊，李智．深圳：一体化的城市交通模型 [J]．城市交通，2008，6（1）：4.

[7] Python Software Foundation. History and License[EB/OL]. [2022-05-12]. https：//docs.Python.org/3/license.html.

[8] 潘爱民．COM 原理与应用 [M]．北京：清华大学出版社，1999.

[9] 刘瑜．Python 编程从零基础到项目实战 [M]．北京：中国水利水电出版社，2018.

[10] TonyX2. TonyX2 的博客 [EB/OL]. [2022-05-12]. https：//www.cnblogs.com/tonyxiao/p/14672521.html.

[11] PTV AG Traffic Software. PTV VISUM 14 基本理论 [R]. Karlsruhe：PTV AG Traffic Software，2014.

[12] PTV AG Traffic Software. PTV VISUM 12.5COM-DOCUMENTATION[R]. Karlsruhe：PTV AG Traffic Software，2012.

[13] PTV AG Traffic Software. INTRODUCTION TO THE PTV VISUM COM-API[R]. Karlsruhe：PTV AG Traffic Software，2021.

[14] PTV AG Traffic Software. PTV Visum2021_Manual[R]. Karlsruhe：PTV AG Traffic Software，2021.

[15] The SciPy community. User Guide，Introduction[EB/OL]. [2022-07-23]. https：//www.runoob.com/scipy/scipy-tutorial.html.

[16] 菜鸟教程. Matplotlib 教程 [EB/OL]. [2022-07-23]. https：//www.runoob.com/matplotlib/matplotlib-tutorial.html.

[17] 深圳市社会工作委员会. 深圳建设"织网工程"体系 [J]. 中国建设信息化, 2015（22）：62-65.

[18] 陈敦鹏. 深圳市国土空间规划标准单元制度探索与思考 [J]. 城市规划, 2022, 7：15-22.

[19] 薄力之. 城市建设强度分区管控的国际经验及启示 [J]. 国际城市规划, 2019, 1：1-18.

[20] 同济大学, 川大智胜软件股份有限公司, 深圳市规划国土发展研究中心, 等. 深圳市交通仿真系统信息采集及服务扩展项目需求分析报告 [R]. 深圳：深圳市规划和国土资源委员会, 2014.

[21] 同济大学, 川大智胜软件股份有限公司, 深圳市规划国土发展研究中心, 等. 深圳市交通仿真系统信息采集及服务扩展项目宏观交通模型建模说明书 [R]. 深圳：深圳市规划和国土资源委员会, 2014.

[22] 深圳市规划国土发展研究中心. 2015 年深圳市交通仿真系统日常更新 [R]. 深圳：深圳市规划和自然资源局, 2016.

# 后 记
*POSTSCRIPT*

完成本书，有些如释重负的感觉。感谢深圳市规划国土发展研究中心的平台，多专业融合的优势为交通模型的应用提供宽广的思路和数据。

感谢人民交通出版社股份有限公司杨丽改和屈闻聪两位编辑这一年来的反复沟通和修改。感谢同济大学杨超教授和广州市交通规划研究院有限公司陈先龙先生，应邀为这本书作序并提出了很多宝贵的修改意见。无奈笔者个人能力有限，仅能尽力修改，部分更高层次的综合意见未能一一修改，略感遗憾。

感谢同事马亮、郭莉、胡家琦、殷嘉俊、黄嘉俊、杨心怡、林晔等在交通模型方面的共同研讨。感谢孙永海、李智等前辈的指导和邹海翔、刘新杰、彭坷珂、谢明隆的交流。感谢同济大学陈小鸿教授、杨超教授、张华教授、许项东教授、陈怡立老师、陈明垟、屈锴、胡一冰、付莹、刘涵等提供交通模型理论与应用的指导。感谢交通模型路上提供过指导的李海峰、金冰峰、丘建栋、张宇、肖京晶、张天然、陈向科、张成、李志等前辈，关金平、刘志亮等朋友。感谢对交通模型相关工作提供过支持的黄嘉俊、李坤耘、郑植尹、曾紫宸、高媛、李丁杰、赵阳、朱小冬、赵小辉、任淞江等。

感谢东南大学王炜教授、路小波教授、陈峻教授、陈学武教授、程建川教授、陆建教授、过秀成教授、程琳教授、李文权教授、钱振东教授、李铁柱教授、叶见曙教授和陈茜副教授等老师们对笔者交通专业知识和交通模型基础知识学习的精心指导。感谢华南理工大学靳文舟教授、温惠英教授、胡郁葱副教授、俞礼军副教授等老师们对笔者交通模型和规划结合领域的在职硕士论文指导。感谢在学术圈的范颖玲师姐（美国明尼苏达大学）、朱周师兄（南京理工大学）、王京元师兄（深圳大学），郑楠（澳大利亚蒙纳士大学）、刘志远（东南大学）、姜晓红（南京林业大学）等同学一直提供交通领域学术前沿信息。感谢刘明敏、汪振东、钱坤、冉江宇、陆洋、曾亮、邓浒楠、朱苍晖、陈伟伟、刘凯、李国华等同学在交通模型和交通规划领域 20 年的交流。

最后，感谢我的妻子瑞敏，感谢你的包容和耐心，感谢你每晚提醒我追随心中的梦想是多么的重要。还要感谢亲爱的双胞胎女儿晖阳，你俩每晚坚持练琴与笔者写书相伴，是我坚持写完这书的无限动力。感谢我的父母和姐姐，从小尊重我的选择。没有你们，这本书不可能完成。

谭泽芳

2022 年 8 月